Kampfgeist

Kampfgeist

von Carsten Ringler

© 2019 Carsten Ringler Herstellung und Verlag BoD – Books on
Demand GmbH, Norderstedt

Fotograf Seite 9: Carsten Ringler
Fotograf Cover, Seite 50, Seite 68: Roger Buer
Bildbearbeitung Cover: Carsten Ringler

ISBN: 9 - 783749 – 434930

Inhaltsverzeichnis

Vorwort

Wir alle leben irgendwie gefangen in unserem eigenen Horizont, in dem wir uns allerdings gleichzeitig ziemlich sicher und wohl fühlen.

Manchmal jedoch kommt es vor, dass wir ein Abenteuer wagen und ein Blick hinter den Horizont riskieren. Gehen wir ein paar Schritte weiter, so lernen wir mit jedem Schritt ein Stück mehr von der Welt besser kennen und lernen Diese etwas besser zu verstehen.

Je nach Art des Abenteuers möchten wir uns möglichst gut auf unsere Reise vorbereiten, denn wir überschreiten eine Grenze, hinter der es passieren kann, dass wir uns vielleicht nicht mehr sicher und wohl fühlen.

Das vermeiden wir weitestgehend durch sorgfältige Vorbereitung. Wir fragen Jemanden, der schon mal dort war, wo wir hin möchten und uns sagen kann was wir mitnehmen müssen auf unsere Reise in die unbekannte Wildnis.

In diesem Buch wünsche ich mir den Horizont derer zu erweitern, die sich für Kämpfe im Ring interessieren oder vielleicht sogar selbst mal im Ring stehen möchten. Der Kampf selbst ist hierbei bloß das Ergebnis einer bereits ziemlich langen Reise und umfassender Vorbereitungen.

Alles, was ich hier berichte und empfehle basiert auf meiner eigenen Erfahrung als Kampfsportler seit meiner Kindheit, als, seit über zehn Jahren, immer noch aktiver Wettkämpfer.

Und ebenfalls seit über zehn Jahren, erst als Co-, und nun Haupttrainer in meinem eigenen Muay Thai Gym.

Was ich hier schreibe, ist nicht DIE Wahrheit oder der ultimative Weg alles richtig zu machen.

Es ist bloß mein Weg. Wie ich persönlich derzeit empfehlen würde vorzugehen, wenn man denn all diese Möglichkeiten hat, die ich beschreiben werde.

Ich bin weit davon entfernt der beste Trainer der Welt zu sein. Genau so bin ich weit davon entfernt ein Weltklasse Kämpfer zu sein.

Aber ich habe mit aktiven Weltklasse Kämpfern, wie zum Beispiel Groß Britanien´s Nummer eins im Muay Thai Charlie Peters, viele Trainings- und Sparringeinheiten hinter mir.

Zu Charlie hätte ich da noch eine kleine Geschichte:
Im August 2016 habe ich mit zwei von meinen Schülern das Kaewsamrit Muay thai Gym in Bangkok besucht.
Wir haben im Gym geschlafen und zwei Mal am Tag gab es ein gemeinsames Essen.
Mit uns am Tisch saß Charlie. Ich kannte ihn nicht, aber er war ein super netter Typ und in unseren Unterhaltungen hab ich herausgefunden, dass er bereits eine Zeit lang in Thailand gelebt, trainiert und gekämpft hatte.
Wir haben uns über verschiedene Gyms unterhalten und ich fragte ihn, ob er weiß, ob das Gym von Saenchai gut wäre.
Saenchai ist, wenn es um Muay Thai geht, ein so genannter „G.O.A.T.". Das bedeutet „Greatest of all time".
Er hatte Titel in verschiedenen Gewichtsklassen gesammelt und bereits unglaublich viele Kämpfe in seinem Leben bestritten.
Er ist einfach eine lebende Legende.
Also hab ich Charlie gefragt und er antworte ganz einfach, dass er noch nie dort war und auch nicht dort hin könnte, weil er bald gegen Saenchai kämpft.
Wir sind fast vom Stuhl gefallen.
Der saß da mit uns an dem Plastiktisch, hat das höllen scharfe Essen mit uns geteilt und sagt ganz locker aus der Hüfte, dass er gegen Saenchai kämpft und sich im Kaewsamrit Gym auf diesen Kampf vorbereitet.
Alles klar.
Ich gebe zu er ist ganz kurz mein Held geworden.
Im Kaewsamrit Gym gibt es drei Mal pro Woche härteres Boxsparring mit Kopfschutz und Zwanzig Unzen Handschuhen.
Nun wurde ich gefragt, ob ich das Sparring mitmachen möchte und natürlich sagte ich ja.
Nun war es fast wie vor Weihnachten, aber auch mit ein wenig Angst oder Erfurcht verbunden, als mir dann gesagt wurde, dass ich einer von Charlie´s Sparringspartnern sein werde.
Das Sparring lief super gut und hat Spaß gemacht.

Das eigentliche Highlight kam dann erst später im Clinch.

Im Kaewsamrit wird jeden Tag eine lange runde von 30 Minuten geclincht.

Charlie sollte mit drei Jungs clinchen. Geht einer zu Boden, springt der nächste frisch ein.

Da ich im Clinch schon einigermaßen weiß was ich tue, durfte ich einer von diesen drei Jungs sein.

Das war schon ziemlich cool.

Ich konnte allerdings nur langsam meinen Respekt ihm gegenüber im Clinch ablegen.

Wie kann ich das in Worte fassen!? Charlie ist ein Weltklasse Kämpfer und bereitet sich auf einen Kampf auf eben genau diesem Niveau vor.

Ich möchte ihn dabei unterstützen, aber will ihn auch nicht herausfordern oder frech sein im Clinch. Ich halte das einfach für respektlos. Er hat nichts zu beweisen und ich brauch mir nichts beweisen.

Er muss hart trainieren, was er auch tut.

Vielleicht war ich in dem Moment sogar fitter als er, weil er einfach wesentlich härtere Trainingseinheiten hinter sich hatte.

Ich brauch das nicht prüfen.

Ich muss auch ihm nicht zeigen wie krass ich bin oder gucken wie krass er ist.

Also bin ich die ganze Sache vielleicht ein wenig zu erfürchtig angegangen.

Ich hätte vielleicht einfach nochmal überlegen sollen, dass er auf Saenchai trifft und dann einfach machen, aber zu spät...

Ich hab einen Moment nicht aufgepasst und ein unglaublich hartes Knie bekommen. Direkt in den Magen.

Ich bin sofort zu Boden gegangen und konnte bei bestem Willen auch nicht aufstehen.

Ich hab es auch gar nicht versucht.

Mein einziger Gedanke in dem Moment war „Bloß nicht kotzen jetz."

Der Clinch fand im Ring statt und ich hab mich dazu entschieden den Ring zu verlassen.

Neben dem Ring gab es ein paar Kleingeräte für Krafttraining wie zum Beispiel Kurzhanteln.

Ich habe mich unter den Ringseilen nach draußen gerollt und einfach runter fallen lassen.
Als ich in die Trainingsgeräte gerasselt bin, hab ich das gar nicht so wahrgenommen, weil ich noch immer damit beschäftigt war mich nicht zu übergeben.
Mein Gesicht hatte auf jeden Fall keine Farbe mehr und meine Trainingseinheit war damit beendet.
Später haben wir alle gemeinsam einen Shake in einem kleinen Café getrunken und darüber gelacht.
Anders gesagt, haben die anderen mit Charlie über mich gelacht.
Das war echt ein mega Tag, der mich unglaublich weiter gebracht hat und ich hab mich gefreut ihn nicht nur persönlich kennen zu lernen, sondern auch noch mit ihm zu trainieren.
Bis heute hab ich noch Kontakt mit Charlie.
Der Kampf zwischen ihm und Saenchai fand im September 2016 statt. Er hat ihn nach einer Punktentscheidung knapp verloren, was gegen einen absoluten Ausnahmekämpfer eine enorme Leistung ist!

(von links nach rechts: Die Schüler des Autors Tobias und Justin, dann die Tochter des Betreibers des Kaewsamrit Gyms, daneben Charlie „Boy" Peters, ganz rechts der Autor Fotograf: Carsten Ringler)

Ich hatte außerdem noch das Glück mit vielen thailändischen Kämpfern, die in der westlichen Welt weniger bekannt sind, wie z.B. Yoddoy Kaewsamrit oder Captain - Kane Narupai, der sozusagen mein Partner für´s Clinchtraining ist, wenn ich in Thailand bin, zu trainieren.

Ich durfte bei absoluten Weltklasse Trainern trainieren. Allen voran Kru Neng, der Kämpfer wie Anuwat "Iron Fist" Kaewsamrit und Bovy Sor Udomson hervorgebracht hat. Oder als bekannteren Kämpfer Wanderlei Silva, als Dieser zu seinen Spitzenzeiten in Japan bei Pride gekämpft hat. Kru Neng war dort sein Trainer für den Standkampf.

Ich verspreche euch eins. Wenn ihr ein Mal die Ehre hattet mit Kru Neng ein Pratzentraining zu absolvieren, was der Hölle auf Erden gleich kommt, mit Captain - Kane clinchen müsst oder mit Charlie Peters sparren müsst, dann wisst ihr was es bedeutet auf Weltklasse Niveau zu trainieren.

Von all diesen unglaublich harten, aber Lehrreichen Erfahrungen profitieren ich und meine Schüler bis heute.

Ich besuche bis heute wieder und wieder Seminare, Workshops, andere Gyms und Trainingslager überall auf der Welt.

Ich reise nach Möglichkeit jedes Jahr nach Thailand, um niemals still zu stehen und meinem Wissen ein möglichst großes Stück hinzuzufügen und seine Grenzen und damit meinen eigenen Horizont so weit ich kann zu verschieben.

In diesem kurzen Werk findest du meine persönlichen Tipps für das, was du brauchst bevor du dich auf die Reise Richtung Ring begibst.

1. Warum in den Ring steigen?

Lange bevor wir ins Training einsteigen und uns auf einen Kampf vorbereiten, gibt es irgend eine Motivation. Es gibt einen Grund diesen Schritt zu wagen.
Mag Dieser noch so verrückt klingen.
Ohne eine Grundmotivation funktioniert das einfach nicht, denn mal ganz im Ernst. Freiwillig einen abgesperrten Bereich zu betreten, an dessen anderem Ende Jemand wartet, der mir weh tun möchte, ist erst mal nicht "normal".

Es gibt vielerlei Beweggründe in den Ring zu steigen. Auch wenn der Ringsport gemeinhin ein wenig negativ behaftet ist und oft direkt mit der "Unterschicht" in Verbindung gebracht wird, ist der Drang zu kämpfen oder sich in einem Kampf zu messen keinesfalls den Leuten, die nix haben, vorbehalten.
Wenn wir zum Beispiel an Fussball-Hooligans denken.
In den verschiedenen Gruppierungen finden wir Leute aus allen Schichten und Berufsgruppen.
Und die machen das nicht bloß, weil die ihren Verein so geil finden und den Anderen so doof.
Nein! Die haben Bock zu ballern und die Fußballspiele mit ihren Mannschaften und Spielzeiten bieten einfach nur eine Plattform für Gleichgesinnte.
Nervenkitzel und Abenteuer sind die Stichwörter.
Das sind keine Kriminellen oder Menschen mit bösen Absichten oder Hintergedanken.

Denken wir an den Buchautor Stefan Schubert, der lange Zeit ein Doppelleben als Polizist und Hooligan geführt hat.
Ich persönlich würde sogar sagen, dass ihn seine Zeit als Hooligan in manchen Situationen zu einem angst-freieren und damit "besseren" Polizisten gemacht hat.

Zurück zum Abenteuer.
In welchen Bereichen unseres Alltags finden wir heutzutage noch wirkliche Abenteuer?

Es gibt Menschen, denen ist ihr Leben genug und es gibt andere Menschen, deren Leben sie nicht erfüllt.

Je nach Charakter kann sich das dann auf verschiedene Arten auswirken.

So entstehen Extremsportarten wie z.B. Basejumping, Rafting oder Downhill Mountainbiking.

Menschen sind auf der Suche nach dem Kick. Adrenalin ist der Stoff, der manche Menschen sich selbst fühlen lässt und dann eben auch körperliche Schmerzen dafür nicht bloß in kauf nehmen, sondern tatsächlich auch irgendwie geil finden.

Ich denke nun liegt es nah, dass der Blick in Richtung Ring nicht allzu abwegig erscheint, wenn wir bedenken, dass wir dort das eben beschriebene Rezept aus Abenteuer, Adrenalin und Schmerz finden.

Für manche Menschen ist dies die perfekte Mischung sich selbst zu spüren und dem eigenen Alltag, in ein Abenteuer, zu entfliehen.

Ein weiterer Grund in den Ring zu steigen, kann die sportliche Herausforderung sein.

Je nach Regelwerk und Disziplin stehen wir in unserem ersten Kampf, in der ersten Runde 90 Sekunden im Ring und kämpfen.

Das sind die längsten 90 Sekunden eures Lebens.

Bereits nach 30 Sekunden spätestens brennt die Lunge, weil ihr vergessen habt, dass ihr kontrolliert atmen müsst.

Ohne die nötige Sauerstoffversorgung fängt eure Muskulatur im ganzen Körper ebenso an zu brennen.

Ihr müsst es dennoch irgendwie bewerkstelligen eure Arme zur Verteidigung oben zu halten und im besten Fall auch noch zurück zu hauen, dass der Gegner auch mitbekommt, dass ihr ihn geschlagen habt.

Das ist wahrlich keine leichte Aufgabe und wenn ihr es geschafft habt die ersten 90 Sekunden zu überstehen und euch in die Ecke zu schleppen, klingelt nach einer kurzen Pause der Gong und es folgen zwei weitere Runden.

Ich selbst habe schon mehrfach miterlebt wie Kämpfer nach ihrem ersten Auftritt einen ganzen Eimer voll gekotzt haben, weil es körperlich einfach derart anstrengend ist.
Aber es ist eben diese Herausforderung, die man bezwingen möchte. Sich der Situation stellen und nicht unter gehen. Einen guten Kampf machen und vielleicht sogar gewinnen!

Der nächste Grund zu kämpfen, kann das Messen der eigenen Fähigkeiten sein.
Es gibt unglaublich viele Menschen auf der Welt, die Kampfkünste und Kampfsportarten betreiben. Manche zur Selbstverteidigung, manche aus Fitnessgründen, andere wollen auch einfach soziale Kontakte knüpfen.
Die Wenigsten allerdings wagen den Schritt in einen echten Zweikampf.
Nun müssen wir uns vorstellen, man betreibt seit ein paar Jahren eine Selbstverteidigungsform oder einen Kampfsport. Die Techniken sitzen. Man fühlt sich schnell, stark, mental stark und bereit auch einer Gefahrensituation gewachsen zu sein.
Dazu kommt es aber nie...
Was dann?
Auf die Straße gehen und einen stark aussehenden Menschen dazu bewegen mich anzugreifen?
Vielleicht spricht meine Moral dagegen. Ich weiß ja schon vorher was ich will. Mein potenzieller Gegner wird dann zum Opfer.
Zumindest aus meiner Sicht, denn ich bin bereits vorher bereit mit ihm zu "kämpfen". Wenn er ein opfer ist, dann bin ich ein Täter.
Ich will aber gar kein Täter sein.
Nun bietet mir der Kampfsport die Möglichkeit mich mit einem Gleichgesinnten zu messen. Gleichgesinnt zumindest in der Hinsicht, dass wir beide kämpfen möchten.
Das kann dann in einem kontrollierten Rahmen und durch ein Regelwerk sportlich gehaltenen Wettkampf stattfinden.

Der letzte Grund, den ich hier gern erläutern würde, ist das kanalisieren von negativen "Energien".

Mit negativen Energien meine ich inneren Druck, der durch emotionaler oder physischer Belastung verursacht wird.

Das kann alles Mögliche sein. Die Umstände, unter denen man aufwächst. In welchen Verhältnissen man lebt. Mit welchen Menschen man sich umgibt oder von wem man umgeben wird. Wie Diese mit einem umgehen und ob das eben negative Auswirkungen auf das Selbst hat.

Ich spreche hier von tief sitzendem lang anhaltendem Druck, dem man auch länger ausgesetzt wurde oder wird. Wie z.B., wenn der Vater oder die Mutter eher den Gürtel raus holt, als dass er oder sie weise Worte wählt.

Es gibt unglaublich viele Faktoren, die das innere Wohlbefinden eines Menschen beeinflussen und die Menschen entwickeln früher oder später Möglichkeiten diesem inneren Druck in irgend einer Form nachzugeben.

Manche beginnen zu essen. Andere zu hungern. Manche entladen sich gewalttätig an anderen Menschen oder an sich selbst. Wieder Andere, die die Chance sehen und die Möglichkeit bekommen Diese zu nutzen, entfalten und kanalisieren diese negativen Spannungen im Inneren durch das trainieren einer Sportart oder Kampfsportart.

Was erst mal nicht bedeutet, dass man in den Ring klettern muss. Zunächst trainiert man und lernt ein neues Gefühl an sich und für sich selbst kennen.

Mit dem Training und Übungen steigen auch die Fähigkeiten, stärkt sein Selbstbewusstsein und wenn diese Fähigkeiten und das Selbstbewusstsein dann weit genug ausgebildet sind, ist der nächste Schritt der in Richtung Ring.

Das überschneidet sich dann ein wenig mit dem letzten Punkt über das testen und Anwenden der eigenen Fähigkeiten in einem realistischen Kampf, den ich oben genannt hab.

Es mag noch viele andere Gründe zu kämpfen geben, die ich nun hier jetzt nicht aufgezählt hab.
In Thailand z.B. kämpfen die Kinder bereits um den Lebensunterhalt der Familie oder Gefängnisinsassen für die Freiheit.
Das sind dann aber vollkommen unterschiedliche Umstände und wir könn das nicht mit unserer Lebenssituation hier in Deutschland und Europa vergleichen.

Welcher auch immer euer Grund ist in den Ring steigen zu wollen. Ihr müsst euch über Diesen im Klaren sein.
Er muss nachhaltig sein. Das bedeutet: "Meine Frau hat mich verlassen. Jetz will ich ballern, weil ich sauer bin, weil keiner mich lieb hat." ist vielleicht ein Grund mal zum Training zu gehen und gegen den Sandsack zu kloppen, aber keine gesunde Grundlage mich auf einen Kampf vorzubereiten.
Die Frustration ist nicht von Dauer und kann mir nicht die Disziplin geben, die ich brauche mich jeden Morgen aus dem Bett zu quälen und trotz einem Körper, der sich anfühlt wie ein Mülleimer, zum Training zu gehen und in die Pratzen zu ballern.
Die Vorbereitung geht zwei Monate. Nach einem Monat hab ich mich beruhigt und komm langsam damit zurecht allein zu sein.
Was mach ich dann?!
Genau... Wofür mach ich die ganze Scheiße?!
Die Motivation muss aus dem tiefen Inneren kommen und darf nicht an zeitweise vorhanden emotionalen Umständen gebunden sein.
Wo wir dann zu der spannenden Frage kommen: "Will ich das Wirklich?" Worauf ich später nochmal ein ganz klein bisschen genauer eingehen werde.

2. Die richtigen Voraussetzungen schaffen

Gehen wir davon aus, dass wir mit dem Kampfsport schon
begonnen haben und tatsächlich Gefallen daran gefunden.
Das Interesse steigt. Wir schauen uns auch außerhalb des Trainings
mal hier und da ein paar Kämpfe im Internet an. Ließt sich dies
und das durch und es fängt an im Inneren zu jucken.
"Das würd ich VIELLEICHT auch gern mal machen."
Hier kommen wir zu einem ganz wichtigen Punkt.
Ich kann nicht mit Sicherheit sagen, dass ich das wirklich machen
möchte, wenn ich keine wettkampfbezogene Grenzerfahrung
gemacht hab, was soviel bedeutet wie: Ich muss mal vor`n Helm
kriegen und gucken, ob ich damit klar komm.
Denn im Ring werde ich mit 100%iger Sicherheit wenigstens einen
harten Schlag kassieren. Ich darf dann nicht einbrechen. Weder
mental, noch körperlich.

Die richtige Sportart wählen

Aber ein paar Schritte zurück.
In welcher Sportart möchte ich überhaupt kämpfen?!
Wo liegen meine Stärken und Vorlieben?
Bin ich unbeweglich in den Beinen, würde ich eher zum Boxen
tendieren, auch wenn ich eine absolut solide Beinarbeit für die
vielen verschiedenen Schritte brauche, muss ich nicht beweglich
genug sein, um zum Körper oder zum Kopf zu treten.
Bin ich etwas unbeweglicher, habe aber kräftige Beine und es
macht mir Spaß auch mal zu treten, dann wähle ich das Kickboxen.
Hier gibt es spezielle Regelwerke, die mir neben dem Boxen auch
Tritte und Kniestöße aus der Distanz erlauben.
Wenn ich das volle Programm brauche, wähle ich Muay Thai.
Hier darf man boxen, mit den Ellbogen schlagen oder Kniestöße
und Kicks anbringen.
Dazu kommt noch der Clinch, also das Ringen im Stand, bei dem
ich den Gegner auch durch verschiedene Wurftechniken zu Boden
bringen darf.

Wenn das nix für mich ist, gehe ich wieder Schritte zurück zum Kickboxen.

Ich hab hier jetzt nur ein paar Standkampfsportarten genannt, die eben im Ring stattfinden.

Es gibt noch wesentlich mehr Stand Kampfstile wie z.B. das französische Savaté, Kyukushin Kai Karaté aus Japan oder das koreanische Taekwon Do.

Wenn wir den Bodenkampf als weitere Ebene dazu nehmen, kommen noch viele andere Stile dazu. Das würde nun aber den Rahmen sprengen und über meine persönliche Erfahrung hinaus gehen.

Ich will euch ja kein Scheiß erzählen jetzt.

„Der erste Eindruck zählt"

Aus der Sicht eines Trainers möchte ich auch nochmal helfen einen kleinen, aber doch signifikanten Fehler zu vermeiden.

Ich nehme mich selbst als hauptberuflicher Übungsleiter für Sportgruppen mal als Beispiel.

Ich unterrichte Kinder in einer Gruppe zwischen drei und sechs Jahren. Weiter kommen Kindergruppen mit Kindern von sieben bis zwölf Jahren dazu. Dann gibt es Jugendliche ab 13 Jahren und Erwachsenen Gruppen, wo der älteste Teilnehmer bereits über 75 Jahre alt war.

In all diesen Altersstufen unterrichte ich verschiedene Gruppen auf die Woche verteilt.

Ihr könnt euch denken, dass ich eine ganze menge verschiedene Menschen innerhalb einer Woche sehe. Dazu kommen Probanden und Leute, die Privateinheiten bei mir buchen.

All diese Menschen haben unheimlich viel zu sagen und eine sehr interessante Erfahrung, die ich leider machen musste: Die Leute, die von Anfang an, noch bevor sie überhaupt einen Boxhandschuhe oder Runhallenboden gesehen haben, alles wollen, sind die, die am kürzesten durchhalten.

Nicht reden... Machen!

Es kam vor, dass Probanden mir schon vor ihrer Anmeldung im Gym gesagt haben, dass sie gern kämpfen würden.

17

Sie haben mir gesagt, dass sie bitte direkt in der Gruppe mit den Fortgeschrittenen und Wettkämpfern trainieren möchten.

"Ich häng mich da voll rein!" und ähnliche Sätze hab ich schon tausendfach gehört. Leider ist es so, dass neun von zehn Personen, die scheinbar ambitioniert ins Training kommen, nicht über ein Probetraining hinaus kommen.

Das hat leider dazu geführt, dass ich bei Probanden auf dem Ohr taub geworden bin, sobald ich etwas in der Richtung zu hören bekomme.

Ich bin mir fast sicher, dass das nicht nur bei mir so ist.

In der Anfangszeit meiner Arbeit als Trainer habe ich wirklich jeden, der mir so was gesagt hat, absolut ernst genommen und mich richtig rein gehangen.

Das Ergebnis hat sich in all den Jahren nicht verändert. Es gibt aber einen Unterschied. Wenn ich Zeit und Herzblut investiere, dann ist es für mich persönlich schmerzhaft, wenn ich dann von diesem Menschen, mit meinen Ambitionen und meinen Wunsch diesen Menschen bei der Umsetzung seiner Wünsche zu unterstützen, alleine gelassen werde.

Das macht man ein paar Mal mit und dann fängt man an seinen Job in Frage zu stellen oder beschließt etwas zu verändern.

Also mein Tipp: Geht zum Gym und fragt nach einem Probetraining ohne irgendwelche abenteuerlichen Geschichten. Geht einfach hin und trainiert mit. Überzeugt mit sichtbaren Ambitionen und nicht mit Worten.

Zurück zum Thema...

Ihr solltet in jedem Fall verschiedene Sportarten erst mal unabhängig vom Trainer oder der Gruppe ausprobieren und dann schauen, was euch am meisten liegt bzw. auch wo ihr am meisten Spaß habt.

Ihr müsst einfach gerne tun, was ihr tut, wenn ihr euch auch an schlechten Tagen dafür aus dem Bett quälen müsst.

Wähle deinen Mentor

Wenn ihr euch dann entschieden habt, kommt ein ganz schwieriger Teil und zwar das richtige Gym zu finden und dann auch noch mit dem passenden Trainer.
Ein guter Trainer muss kein Champion gewesen sein, aber er muss selbst gekämpft haben.
Die reichhaltigsten Lehren zieht man aus persönlichen Erfahrungen. Dafür muss man Diese aber erst mal selbst gemacht haben. Was will mir ein Trainer über die Nervosität vor'm Kampf erzählen, wenn er es selbst nie gefühlt hat?!
Dann kommen wir zur Statur.
Wenn ich selbst von der Körpergröße her recht klein bin, such ich mir keinen überdurchschnittlich großen Trainer.
Warum?
Du selbst kämpfst mit hoher Wahrscheinlichkeit gegen einen gleich großen oder aber größeren Kämpfer.
Wenn dein Trainer aber immer nur kleinere oder gleich große Gegner vor den Fäusten hat oder hatte, wird Dieser nur SCHWIERIG nachvollziehen können wie du dich fühlen wirst, wenn du einem Größeren gegenüber stehen wirst. Geschweige denn wie man tatsächlich gegen einen größeren Gegner Kämpft. Natürlich kann er ein super Trainer sein. Das ändert aber nichts daran, dass er dir nicht aus erster Hand, und so auch weniger authentisch, sagen kann was genau auf dich zukommen wird und wie du damit umzugehen hast oder solltest.

Hat dein Trainer eine durchschnittliche Körpergröße ist er umfassender erfahren im Umgang mit Kämpfern verschiedener Staturen. Er hat mit höherer Wahrscheinlichkeit sowohl gegen größere, als auch kleinere Gegner im Ring gestanden und kann dir aus erster Hand sagen wie er sich dabei Gefühlt hat und wie er mit den damit verbundenen Problemen umgegangen ist. Welche Fehler er gemacht hat, die sich durch entsprechendes anderes Verhalten, hätten vermeiden lassen können.

Was schwieriger zu erkennen ist, wenn man selbst noch nicht unbedingt so vertraut mit den verschiedenen Angriffs- und Verteidigungstechniken ist, ist das technische Know-how des Trainers einzuschätzen.

Der Trainer selbst muss nicht alles perfekt ausführen können. Manchmal hindern ihn alte oder neue Verletzungen. Das Alter selbst kann ihn auch daran hindern manche Techniken selbst perfekt ausführen zu können. Wenn man selbst schon lange als Trainer arbeitet und nicht dazu kommt genug für sich selbst zu üben und zu trainieren, dann gehen auch einige Fähigkeiten und Details in der Ausführung bei einem selbst einfach verloren.

Das macht den Trainer aber noch lange nicht zu einem schlechten Trainer. Er muss dir die Techniken nah bringen können.

Wie auch immer das nun geschieht. Er muss einen Weg finden dir die Techniken beizubringen. Es muss nachvollziehbar sein. Das kann auf verschiedene Arten passieren. Durch Erklärungen oder auch durch einen erfahreneren Schüler, der dann die Techniken vorführt.

Wie er es macht, ist dem Trainer überlassen solang ihr einen gemeinsamen Nenner findet und du am Ende verstehst, was dein Trainer von dir möchte.

Als kleines einfaches Beispiel:

Die meisten von uns können laufen.

Aber versucht mal jemandem zu erklären wie man läuft.

Wenn wir nun mit dem Satz beginnen „Hebt einen Fuß hoch" dann ist das einfach falsch.

Das erste, was ihr tun müsst, um zu gehen, ist euer Körpergewicht zu verlagern.

Ansonsten kippt ihr nämlich einfach um, wenn ihr einen Fuß hoch hebt.

Solche Details sollte euch ein Trainer in irgend einer Form vermitteln können, sonst wird es einfach schwierig die Techniken richtig zu lernen und praktisch auch anzuwenden.

Ein weiterer wichtiger Punkt ist das Zwischenmenschliche.

Wir müssen gut miteinander klar kommen. Der Kämpfer muss seinem Trainer vertrauen können.

Das ist unheimlich wichtig, denn am Ende kann Dieser in einem Kampf entscheiden, ob ihr im Krankenhaus landet oder nicht.
Wir müssen eine gemeinsame Sprache sprechen und ich brauche die Sicherheit, dass meinem Trainer meine Gesundheit am Herzen liegt.
Dazu muss ich seine Anweisungen verstehen und mental greifen können. Ich muss seine Lehren für mich annehmen können. Egal wie gut der Trainer ist. Ich kann schwieriger annehmen, was er zu sagen hat, wenn ich den Typen einfach nicht leiden kann.

Padwork – Worauf muss ich achten?

Für die Vorbereitung auf einen Wettkampf ist das Pratzentraining essenziell wichtig. Man kann auf unglaublich viele Spielereien im Training verzichten.
Man braucht keine Hightec Geräte oder Computer Analysen deiner Technik, Herzfrequenzen oder was auch immer.
All das ist schön und auch hilfreich. Bringt dich eventuell auch auf ein neues Level.
Aber wir starten bei Level Null und da brauch ich den ganzen "Scheiß" einfach nicht.
Bei dem Pratzentraining können wir jedoch absolut keine Abstriche machen. Es muss irgendwen im Gym geben, der Pratzen halten kann. Das kann nicht jeder und das kann auch nicht jeder lernen.
Für die Fitness kann man sich irgendwen da hin stellen, dass man irgendwie ein bisschen pflastern kann.
Wenn ich aber in den Ring steigen möchte, brauch ich einen Menschen, der weiß was er tut.
Woran erkenne ich Diesen, wenn ich keine Ahnung hab?
Das ist hier erst mal ganz grob beschrieben für einen ersten Eindruck.

Zu aller erst bewegt sich der Pratzenhalter mit dir. Fordert dich zurück zu weichen. Zur Seite zu gehen oder auf ihn zu zu kommen.
Außerdem ist der Pratzenhalter kein Beweglicher Sandsack. Ein guter Pratzenhalter schlägt zurück, wenn er Lücken in deiner Defensive entdeckt.

Der letzte Tipp von hier aus betrifft das halten selbst. Der Pratzenhalter versucht grundsätzlich einen Gegner zu imitieren und damit auch dessen Körperteile als Ziel darzustellen.
Wenn derjenige die Schlagpratzen links und rechts mit einigem Abstand neben dem Kopf hält, dann wisst ihr, dass er genau gar kein Plan hat, was er da eigentlich tut.
Er sollte die Arme hängen lassen und die Pratzen für ein Signal heben, das einem sagt, dass man eben nun schlagen soll. Wenn er beide hebt für eine Schlagkombination, dann muss er die Pratzen vor sein Gesicht führen, wenn die Schläge kommen.
Ich, als Trainierender, muss das Gefühl haben meinem Gegenüber gegen den Kopf zu schlagen.

Wähle dein Team

Der nächste Punkt betrifft die "Gruppe". Wir brauchen für die ersten Kämpfe eigentlich keine Gruppe. Es wäre schön eine zu haben. Sie ist aber nicht essenziell wichtig.
Wenn man will, kann man mit jedem trainieren.
Ab einem gewissen Niveau reicht dieser Eine natürlich nicht mehr aus. Nun sprechen wir aber von einem eventuellen ersten Kampf. Aber auch für Diesen brauchen wir einen Sparringspartner.
Sparring ist ebenso wichtig und essenziell wie das Pratzen Training.
Das kann der Trainer selbst sein oder ein anderer Kämpfer oder Trainierender im Gym. Wer es ist, ist egal. Er muss aber etwas vom Kämpfen verstehen und muss bereit sein sich euch zu stellen und auch die Zeit aufbringen können mit euch die Einheiten zu absolvieren.

2012 hab ich mit Erol Tuncay trainiert. Bevor er sein eigenes Gym eröffnet hatte, war ich sein Kämpfer. Wir hatten kein Gym, keine Gruppe, kein besonderes Material. Gar nichts.
Wenn die Sonne schien, haben wir auf einem Fußballplatz oder im Park trainiert und wenn es geregnet hatte, sind wir zu seinem Bruder in ein Autoteilelager und haben dort trainiert.
Da waren dann nur Tuncay, seine Pratzen und ich.

Genau so haben wir Monate lang trainiert.

Er hat mir die Pratzen gehalten. Wir haben harte Sparringeinheiten hinter uns gebracht und sind gemeinsam laufen gegangen. Jeden Tag haben wir zwei mal trainiert. Mit diesen Trainingsmöglichkeiten sind wir zu Wettkämpfen gefahren, an denen ich dann teilgenommen hab. Mal weniger, mal mehr erfolgreich, aber immer mit solider Leistung, auf die ich auch gern zurück schaue.

Was ich damit sagen will.

Lasst euch nicht blenden von krassem Schnickschnack.

Heute gib´s allen "Scheiß" in den nahezu sterilen Gyms, die von hunderten von Leuten jeden Tag besucht werden. Das Equipment sieht jeden Tag aus wie poliert und wir haben Pratzen Automaten, die man hinstellt und in jede Richtung ein Kissen halten, wo man rein ballern kann.

Das ist schön und schön teuer. Macht auch Spaß. Ich hab auch schon damit trainiert, aber das Ding ist nicht essenziell wichtig für dein Training und das allein verspricht dir auch keinen Erfolg im Ring.

Allem voran ersetzt es niemals einen guten Trainer, der Herzblut investiert, um dich gesund in den Ring rein und wieder raus klettern zu lassen.

3. Das richtige Training

Zu aller erst möchte ich hier und jetzt mit ein paar Mythen aufräumen, die so einfach kompletter Bullshit sind.
Ich meine die Abhärtung.
Wenn man im Internet sucht, findet man da ganz spannende Geschichten. Ein paar Typen stehen in einer Reihe vor einer Wand. Der Trainer geht rum und benutzt deren Köpfe als Boxbirne. Das Ganze dann mit dem Ziel, dass die Jungs mehr Schläge einstecken können.
Ich weiß nicht genau wie ich das nennen soll, aber das ist einfach Schwachsinn, dämlich und verfehlt komplett das sogenannte Ziel. Unser Körper ist zu unglaublichen Dingen fähig und man kann sowohl Muskulatur, als auch Knochen "abhärten", aber Leute... wir haben alle nur ein Gehirn und damit sollten wir vorsichtig umgehen.
Sogar Fußballer verlieren bei einem Kopfball Gehirnzellen. Die Zellen sterben beim Aufprall ab.
Durch Lernen bilden wir neue Verschaltungen zwischen den Zellen. Es entstehen sozusagen neue Wege, über die Signale transportiert werden. Das kann ja nun alles Mögliche sein. Erinnerungen, Bewegungsabläufe, Sprache und so weiter. Jetzt töte ich mit einem Schlag gegen den Kopf Hirnzellen ab. Wir reißen ein Loch in die Straße, was so viel bedeutet wie, dass manche Informationen nicht mehr transportiert werden können und somit für mich nicht mehr abrufbar sind. Die abgestorbenen Zellen werden zwar abgebaut und es werden auch neue Zellen produziert, aber diese neuen Zellen können nicht die gleiche Leistung bringen, wie die alten abgestorbenen Zellen und somit auch nicht einfach deren Aufgaben übernehmen.
Wir müssen wieder von vorn lernen die neue Straße zu befahren. Durch Schläge gegen den Kopf werden wir nicht dümmer. Es gehen ganz einfach Wissen und Fähigkeiten verloren, die wir uns wieder erneut aneignen müssen.
Wenn wir uns nun vorstellen, dass Hirnzellen sogar vom Aufprall eines mit Luft gefüllten Lederballs absterben.

Was glaubt ihr, was passiert, wenn der Kopf einen Faustschlag, der eine Kraft in dreistelligem Kilobereich mit sich bringt, abbekommt.

Ja... man kann nicht unendlich viele davon einstecken.

Ganz platt gesagt sparen wir uns die, die wir einstecken können für den Kampf. Und auch dort versuchen wir möglichst wenig am Kopf getroffen zu werden.

Abgesehen davon ist es der Schlag, den man nicht kommen sieht, der, der dich umhaut. Der muss nicht mal hart sein.

Du bist nicht vorbereitet. Wirst blöd am Kinn getroffen. Dann fällst um. Da machst nix.

Ich weiß es. Ich kann viel einstecken und mich hat so eine Bombe auch schon auf die Bretter geschickt. Ich weiß bis heute nicht wie das genau zustande kam. Ich hab die Faust eben nicht kommen sehen.

Mit den Knochen ist das ein wenig anders. Wenn wir zum Beispiel gegen einen Sandsack oder sogar auch gegen Pratzen schlagen oder treten, ist das erst mal eine neue Belastung für betroffene Körperteile und deren Knochen.

Die Knochen halten noch nicht stand und es entstehen Mikrobrüche. Das sind ganz kleine Brüche, die sich nach einer Weile nicht bloß regenerieren. Der Knochen verdichtet sich an den Bruchstellen, sodass er bei erneuter Belastung einem höheren Druck standhält. Er wird härter.

Es gibt einen Mythos, der die Abhärtung der Schienbeine betrifft. Man findet im Internet immer wieder Videos, in denen gezeigt wird wie man z.B. Schraubenzieher oder Glasflaschen über die Schienbeine reibt, um die Nervenenden abzutöten. Ziel ist es weniger Schmerzen bei einem Aufprall zu spüren. Oft werden diese Methoden als "Abhärtung" bezeichnet, was völliger Quatsch ist.

Auch wenn man vielleicht weniger Schmerz fühlen mag, wird der Knochen durch das oberflächliche Reizen mit harten Gegenständen nicht härter.

Die Bedingungen, die ich oben genannt habe, sind einfach nicht gegeben.

Bei einer Laufeinheit erreiche ich durch die Belastung durch das eigene Körpergewicht nach Ermüdung der Muskulatur, einen stärkeren „Abhärtungseffekt", als bei dem Mist.

Die Abhärtung der Knochen macht für einen Muay Thai Kampf in sofern Sinn, dass mein Bein nicht so leicht bricht, falls ich mal in einen Block treten sollte.

Ich trete also in einen Block. Das tut weh, aber mein Bein bleibt wahrscheinlich heile.

Mit der Schraubenzieher Methode trete ich in den Block. Es tut oberflächlich weniger weh, aber mein Bein bricht eher. Nun könnt ihr ja selbst entscheiden, was ihr besser findet...

Zum Training selbst muss ich nun sagen, dass ihr hier keine besonderen Trainingsübungen oder Techniken finden werdet. Das hat ganz einfach den Grund, dass es euch tatsächlich in eurem eigenen Training in eurem Gym zurück werfen könnte.

Jeder Trainer hat irgendwie seinen eigenen Stil entwickelt. Seine Stärken ausgebaut und einige Strategien entwickelt, die ihn seine Stärken im Kampf ausspielen lassen.

Das kann alles Mögliche sein.

Wenn wir uns einen Boxkampf anschauen, ist für das untrainierte Auge erst mal alles nur Schlagen und Abwehren.

Warum gewinnt dann der Eine oder der Andere?

Weil er schneller ist oder härter schlagen kann?

Vielleicht ist der Eine auch präziser in seinen Angriffen oder hat besonders gute Reflexe, die ihm in seiner Defensive zu Gute kommen.

Alles kann ich ganz klar mit einem "Ja" beantworten.

Was passiert aber, wenn beide von ihren Voraussetzungen in den konditionellen Fähigkeiten und technischen Fertigkeiten gleich gut aus trainiert und geübt sind?

Dann muss einer von beiden eine kleine Besonderheit in seinen Kampf bringen, um den Gegner zu überwinden und zu übertrumpfen.

Man entwickelt eine Strategie und vielleicht sogar etwas, das man so zuvor nicht gesehen hat. Der Kämpfer hat Erfolg und kämpft in seinen folgenden Kämpfen auf ähnliche Art und Weise.

So entwickelt er seinen eigenen Stil zu kämpfen.

Nun halten andere Boxer die Füße nicht still. Sie wollen gewinnen und natürlich auch nicht im Ring von diesem nun besonderen Kämpfer verprügelt werden.

Sie sitzen mit ihrem Trainer zusammen. Entwickeln neue Strategien und bei Erfolg oder sichtbarem Potenzial dessen, was sie sich neu angeeignet haben, eben einen eigenen besonderen Stil. Als aktuelles Beispiel kann man das beim Boxen im Schwergewicht beobachten. Seit Wladimir Klitschko seine Titel abgegeben hat und sich aus dem Profi-Sport zurück gezogen, gibt es eine Reihe neuer Anwärter auf den Thron des Schwergewichtschampions. Damit meine ich nicht DEN Titelträger.

Einen Titel kriegt man leichter als einen Namen!

Ich meine damit die Frage:"Wer ist der neue Schwergewichtsboxer unserer Zeit?"

Tyson Fury hat Klitschko besiegt und wäre somit einer der Anwärter. Antony Joshua hat ebenfalls Klitschko besiegt und bringt sich ins Gespräch. Als Dritten würde ich Deontay Wilder nennen, der alle guten Boxer herausfordert und einen nach dem anderen herausfordert und auf die Bretter schickt.

Belassen wir es bei diesen Dreien und schauen uns ihre Kämpfe an, dann gleicht kein Kämpfer in seiner Art zu schlagen oder sich überhaupt zu bewegen dem Anderen.

Sie haben alle unterschiedliche Stile, mit denen sie ihre Gegner bezwingen.

Ich könnte damit ewig so weiter machen, aber wenn man nicht im Thema ist, wird`s irgendwann langweilig.

Was ich sagen möchte...

Wenn ihr euren Trainer gefunden habt, dann müsst ihr bereit sein euch unvoreingenommen auf das einzulassen, was er euch geben kann und dies dann auch nicht in Frage zu stellen.

Ihr müsst ihm eben vertrauen und seine Lehren annehmen können. Das geht nicht, wenn ihr euch darauf einlasst von mir hier von anderen Strategien und Techniken überzeugt zu werden.

Nun aber zum Training

Ihr braucht für einen Kampf verschiedene konditionelle Fähigkeiten.
Die da wären:
Ihr braucht eine unheimlich gute Grundlagen Ausdauer, die durch eine hohe Sauerstoffaufnahmekapazität im Blut gewährleistet wird.
Dazu kommt Geschwindigkeit bzw. Explosivkraft und auch Geschwindigkeitsausdauer.
Die Körperspannung spielt auch eine sehr wichtige Rolle in der Vorbereitung auf einen Kampf.
Dazu kommt die Beweglichkeit in allen Körperteilen, die für jede Wettkampfsportart, die im Ring stattfindet essenziell ist.
Zu all dem kommen die technischen Fertigkeiten, die mit am schwierigsten zu trainieren sind.

Die Ausdauer

Fangen wir bei der Grundlage an. Der Ausdauer. Das sogenannte kardiovaskuläre Training.
Warum ist das so wichtig?
Euer Körper muss lernen effizient zu arbeiten.
Das heißt mit wenig Aufwand maximalen Erfolg erzielen.

Ein kurzer Ausflug in den Gesundheitssport.
Betrachten wir unser Herz als eine Batterie, die eine bestimmte Menge Energie bereitstellen kann den Körper durch seine Schläge mit Blut zu versorgen.
Wenn diese Energie begrenzt ist, ist auch die Anzahl der Schläge begrenzt. Es gibt also eine bestimmte Anzahl an Herzschlägen in eurem Leben.
Wenn diese Anzahl Herzschläge aufgebraucht ist, seid ihr tot.

Klar gibt es heutzutage Hilfsmittel, die euch selbst dann am leben halten, aber deren Notwendigkeit wollen wir natürlich so weit wir können hinaus zögern.

Nun sehr stark vereinfacht erklärt.

Wenn euer Herz nun euer ganzes Leben am Limit schlägt, sind die Schläge ziemlich schnell aufgebraucht.

Durch kardiovaskuläres Training senkt ihr euren Ruhepuls. Das bedeutet euer Herz schlägt in Ruhephasen wesentlich langsamer. Ihr verbraucht also weniger Energie, weil euer Herz einfach langsamer schlägt.

So verlängert sich gleichzeitig der Zeitraum, in dem euer Herz Energie aufbringen kann euren Körper mit Blut zu versorgen.

Wieso brauchen wir das für unser Training?

Das ist nicht ganz einfach zu erklären, aber ich will's mal in einfachen Worten versuchen.

Bei lockerem kardio´ Training belastet ihr euren Körper langfristig. Euer Körper ist erst mal überfordert und ihr schmiert schon nach kurzer Zeit ab. Jeder, der mit dem Lauftraining beginnt, kennt das Problem. Ihr schafft einfach keine längere Strecke. Nach den ersten fünfhundert Metern hat man kein Bock mehr.

Euer Körper sucht aber nach einem Weg der Belastung stand zu halten. Eure Muskulatur muss mit Sauerstoff versorgt werden. Milchsäure muss abgebaut und abtransportiert werden und all das passiert über eure Blutbahnen. Das sind die Straßen für Nährstoffe in eurem Körper und wer pumpt das Blut durch eurem Körper? Richtig! Euer Herz und Dieses ist genau jetzt total überfordert. Wenn es jetzt einen Weg gäbe z.B. Sauerstoff schneller zu transportieren, wäre das schon mal eine Entlastung, weil einfach mehr Sauerstoff in kürzerer Zeit, also durch weniger Schläge transportiert werden kann.

Sauerstoff wird im Blut mit Hilfe der roten Blutkörperchen transportiert. Ein gut aus trainierter Sportler hat mehr rote Blutkörperchen. So kann schneller mehr Sauerstoff zur Muskulatur transportiert werden.

Trotz alledem muss das Herz immer noch hart pumpen, um den Körper zu versorgen.

Eiweiß und Wasser sind hier ein Teil der Lösung.

Mehr Proteine binden Wasser im Blut, wodurch das Blutvolumen steigt und das Blut einfach dünner wird. Dünneres Blut lässt sich mit weniger Aufwand schneller transportieren.
Was uns dabei hilft unter Anderem Milchsäure im Muskel schneller abzubauen und abzutransportieren.
Hinzu kommt, dass nun die Transportwege für andere Stoffe oder Zellen schneller überwunden werden können.
Das bedeutet unter Anderem auch, dass unsere Immunabwehr besser funktioniert, da entsprechende Zellen schneller im Körper verteilt werden können und so zu einer schnelleren Genesung verhelfen.
Was gleichzeitig auch nach starker Beanspruchung der Muskulatur hilft meine Regenerationszeit zu verkürzen, da (grob gesprochen) die Zellen, die für die Reparatur der Muskelfasern verantwortlich sind, schneller zum Muskel transportiert werden.
Das kardiovaskuläre Training bildet also das Fundament, auf dem ein erfolgreiches Training aufgebaut wird.

Wie kann ein kardiovaskuläres Training aussehen?
Ich persönlich empfehle eine Mischung aus vier Varianten: Lauftraining, Fahrrad fahren, Schwimmen und Seil springen.
Für das Lauftraining braucht ihr unbedingt hochwertige Laufschuhe. Geht in ein Fachgeschäft und macht eine Laufanalyse. Entscheidet euch dementsprechend für ein paar Laufschuhe, das euch der Analyse nach empfohlen wird. Ihr schont damit eure Gelenke, was sehr wichtig ist, da Verletzungen euch an eurem Fortschritt hindern werden.
Habt ihr nicht die nötigen finanziellen Mittel für hochwertige Laufschuhe, aber zufällig noch ein Fahrrad im Keller, dann benutzt ihr Dieses.
Ich würde aber in jedem Fall eine Radhose mit ordentlichem Polster empfehlen, weil euch sonst einfach der Arsch nach kurzer Zeit schon weh tut. Das macht mir persönlich dann keinen Spaß mehr.
Habt ihr kein Fahrrad und könnt euch auch kein Neues leisten, dann könnt ihr in ein Sportgeschäft gehen und euch ein Kunststoffseil kaufen.

Das ist die kostengünstigste Variante.
Dabei kann man nicht viel falsch machen. Ihr brauch keine
besonderen Schuhe. Nichtmal 'ne Hose müsst ihr anziehen. Ihr
müsst einfach über das verdammte Seil springen!
Ja... Ihr werdet es verdammen...
Wenn ihr auch hier irgendwann die Nase voll habt, könnt ihr
immer noch ab und an ins Schwimmbad gehen.
Ihr braucht kein Spaßbad mit zwanzig Rutschen und Sprungtürme
in allen unterschiedlichen Höhen.
Ein Loch im Boden mit Wasser drin und dann hin und her
schwimmen. Die städtischen Bäder reichen da vollkommen aus
und sind dazu noch sehr preisgünstig. Ihr braucht keine besondere
Badehose. Sie muss nicht einem tollen Stil entsprechen, auch wenn
ich gern sage. "Das Auge schwimmt mit". Die Badehose sollte
keinem Fallschirm gleichen. Das macht die ganze Geschichte
einfach sehr viel anstrengender.
Kardiovaskuläres Training sollte von seiner Intensität her aber
nicht zu anstrengend sein.

Nun zur Intensität.
Das ist recht einfach. Abgesehen vom Schwimmtraining sollte man
echt auf Sparflamme trainieren. Das bedeutet ihr solltet die
Intensität so wählen, dass ihr euch z.B. während des Joggens noch
unterhalten könntet.
Beim Schwimmtraining deshalb nicht, weil ihr je nach
Schwimmstil und euren Fähigkeiten den Kopf halt immer wieder
unter Wasser taucht.
Dabei kann man sich nur schwierig unterhalten...
Baut keine Intervalle ein. Das Bedeutet keine Sprints oder Berge.
Zumindest nicht allzu viele.
Falls ihr laufen gehen solltet, wählt eine Strecke, die zu großem
Teil durch Wälder oder zumindest an wenig befahrenen Straßen
entlang führt.
Wenige Straßenübergänge. Am besten gar keine Übergänge, bei
denen ihr an einer Ampel warten müsstest. Ihr müsst eure
Herzfrequenz nach Möglichkeit konstant halten. Eine pause bringt
euch hier nur aus dem Rhythmus.

Wie lang ihr eure Distanz wählt und wie oft ihr euer Kardiotraining absolviert, ist abhängig von eurem Trainingszustand.
Wenn ihr diese Belastung überhaupt nicht gewohnt seid, solltet ihr zwei Mal pro Woche mit einer kurzen Runde von ca. drei Kilometern beginnen.

Auch wenn ihr sehr ambitioniert seid und unbedingt schnell Fortschritte machen wollt, braucht euer Körper Zeit sich an die neue Belastung zu gewöhnen und anzupassen.
Steigert euch von Woche zu Woche in der Länge der Strecke. nehmt jede Woche einen Kilometer dazu.
Wenn ihr dann als Beispiel nach , sagen wir, vier Wochen zwei mal pro Woche 45 Minuten laufen könnt, ohne euch danach von oben bis unten voll zu kotzen, dann könnt ihr eine dritte Kardioeinheit pro Woche dazu nehmen. Wenn ihr dann über vier Wochen drei Einheiten pro Woche absolvieren könnt, könnt ihr eine weitere Einheit dazu nehmen.
Diese dann vielleicht als Schwimmeinheit, um der Belastung eurer Gelenke ein wenig entgegen zu wirken.
Es ist unheimlich wichtig euren Körper langsam auf die Belastung vorzubereiten.
Wenn ihr nun vier Einheiten Kardio´ pro Woche absolviert, ist das lediglich die Grundlage für das weitere Training!
Wie viele Menschen kennt ihr, die vier Mal pro Woche überhaupt irgend einen Sport machen?!

Ich selbst trainiere nun schon einige Jahre. Es gibt Zeiten, in denen ich motivierter bin und es gibt Zeiten, in denen ich mich jeden Tag quäle meinen Arsch überhaupt irgendwo hin zu bewegen.
Das ist ganz normal!
Aber insgesamt ist mein Körper schon ziemliche Strapazen gewohnt.
Ich laufe mal schneller, mal langsamer. Dafür aber an fünf Tagen in der Woche für ca. 45 Minuten.
Ab und an verkürze ich die Laufeinheit und hänge ein kurzes Schwimmtraining an.

Die größte Hölle durchlaufe ich in meinem Trainingslager in Thailand. Dort beginnt der Tag um 6:00 Uhr morgens mit 45 Minuten Lauftraining.
Die Einheit am Nachmittag beginnt mit 30 minütigem Seil springen.
Und das von Montag bis Samstag.
Neben dem "normalen" Training, was übrigens an Wahnsinn grenzt, gibt es also zwölf Einheiten kardiovaskuläres Training pro Woche!

Allerdings ist Dies ein professionelles Trainingslager für professionelle Kämpfe.
Dieses Programm ist für euren ersten Kampf nicht nötig und vor allem eher schädlich, wenn euer Körper nicht mal ansatzweise an diese Belastung gewöhnt ist.

Das richtige Krafttraining

Wenn ihr nun eine Grundlage aufgebaut habt, könnt ihr wesentlich besser an euren anderen Fähigkeiten arbeiten.
Grundsätzlich ist meine Meinung: Technik vor Kraft!
Feste und schnell bringt nichts, wenn ihr nach zwei Schlägen, die schnell und hart ins Leere gegangen sind, konditionell abschmiert und beim dritten Schlag schon pumpen müsst, dass euer Puls eure Schädeldecke streichelt.
Dennoch müssen wir eurem Muskel beibringen schnell zu agieren, ohne, dass ihr euch dabei verletzt.
Ich halte es sehr gern einfach und versuche meine Kraftübungen immer direkt in den Zusammenhang mit dem eigentlichen Sport, den ich betreibe, in Verbindung zu bringen.
Wenn wir z.B. eine Kampfsportart wählen, in der wir kicken dürfen, wie beim Kickboxen oder Muay Thai, dann ist ein explosiver Start der Ausführung eines Trittes wichtig, um die Wahrscheinlichkeit zu erhöhen Diesen auch ins Ziel zu bringen!
Das bedeutet für mich, dass ich dem Muskel beibringen muss schnell zu starten.
Also übe ich den Start mit einem Sprint.

Dabei sprinte ich maximal die ersten fünf Meter und laufe schon wieder aus.

Nach dem ersten Abdrücken vom Boden muss ich sofort und so schnell wie möglich meine Knie für die ersten Schritte anziehen, um schnell weg zu kommen.

Hierfür beanspruchen wir einen Teil der Muskulatur, die ich z.B. auch für einen seitlichen Tritt zu den Rippen benötige.

Ich bringe also dieser Muskulatur bei schnell zu starten.

Im weiteren Training muss ich diesen schnellen Start, am Besten im Pratzen Training, auf den Bewegungsablauf eines Trittes zum Körper übertragen.

Beim Boxen wird sehr viel mit einem Medizinball trainiert, was ich persönlich super effektiv finde.

Wenn wir uns den Bewegungsablauf eines Kugelstoßers anschauen, so stößt er seine Kugel von der Schulter weg so weit wie er eben kann.

Hierfür dreht er seinen Schultergürtel und seine Hüfte so weit es geht, synchron mit dem Stoß aus seinem Arm heraus, in die Bewegung ein.

Also... Wenn dir ein Kugelstoßer genau so einen Schlag verpasst, dann stehst du für lange Zeit nicht auf.

Für mich bedeutet das ich kann manche Übungen einem Kugelstoßer nachempfinden.

Wir stoßen einfach den Medizinball und damit wir nicht ständig hinterher rennen müssen, stoßen wir diesen Ball gegen eine Wand oder eine Matte, von der er wieder abprallen kann.

Mit dieser Übung kann ich gleichzeitig sogar meine Technik verbessern, wenn ich die Übung in meiner Kampfstellung ausführe.

Ich versuche also den Medizinball so schnell und hart wie möglich gegen diese Matte zu stoßen.

Genau wie der Kugelstoßer seine Kugel in die Luft schleudert.

Wie auch bei den Tritten versuche ich die Bewegung auf mein Pratzentraining zu übertragen, um am Ende explosive und harte Schläge anzubringen.

Egal wie euer Krafttraining aussehen mag, versucht einen Bezug zum Bewegungsablauf herzustellen, den ihr in eurer Disziplin braucht.

Auf diesen Übungen kann ich ebenfalls mein Training für die Geschwindigkeitsausdauer aufbauen.
Ich persönlich bin ein Fan von 400 Meter Sprints.
Wenn auch sehr verhasst, weil sie sehr anstrengend sind, sind Diese für uns Kampfsportler ein super Geschwindigkeitsausdauertraining.
wenn ich mal schneller und mal langsam sprinte, komme ich am Ende auf einen Durchschnitt von ca. 60 Sekunden auf 400 Meter.
Das sind 60 Sekunden, in denen ich Vollgas gebe. Wenn wir uns nun vor Augen führen, dass eine Runde in einem Kickboxkampf bei den Newcomern 90 Sekunden dauert, dann kommt die Belastung in diesem Sprint, der Belastung, zumindest in den Beinen, in einer Runde in solch einem Kampf schon ziemlich nahe.
Diesen Sprint übertrage ich mit Kickserien auf mein Pratzentraining, in dem ihr einfach in kurzer Zeit so viele Schnelle Kicks hintereinander weg feuert, wie möglich!

Für die Schläge kann ich das in einem Intervall mit dem Medizinball ähnlich halten.
Ich stoße den Ball in einem bestimmten Zeitraum so oft und hart gegen die Wand, wie ich kann.
Als Übertragung auf das Boxen kann ich das "Durchschlagen" an den Pratzen trainieren.
Ich schlage so oft und schnell wie ich kann mit meiner Schlagtechnik in die Pratzen.

Egal für welche Methoden ihr euch entscheidet.
Das trainieren von Belastungsintervallen ist essenziell wichtig für die Vorbereitung auf einen Kampf.
Ganz einfach deshalb, weil der Kampf am Ende in Intervallen stattfindet.
Ihr kämpft drei mal 90 Sekunden oder fünf mal zwei Minuten.
Drei mal drei Minuten oder fünf mal drei Minuten.

Zwischen den Runden gibt es 45 oder 60 Sekunden Pause.
Es gibt verschiedene Varianten je nach Disziplin und Regelwerk.
Alle finden aber in Intervallen statt, die ihr im Training imitieren
solltet, um euch möglichst realistisch auf den Kampf
vorzubereiten.

Weiter ist ist die Körperspannung, wie oben schon genannt,
unfassbar wichtig.
Hier würde ich mich zunächst gern auf das Muay Thai beziehen,
weil es hier sehr deutlich zu tragen kommt.
Beim Muay Thai darf ich clinchen. Das bedeutet, dass ich meinem
Gegner aus nächster nähe mit Ellbogen, Knie und Würfen
angreifen darf.
Das beutet, dass ich z.B. seinen Kopf halten, runter ziehen und
dann mein Knie entgegen stoßen darf.
Ich glaube jeder kann sich vorstellen wie viel Schaden ein
Kniestoß im Gesicht anrichten kann.
Und genau so wird´s auch gemacht. Wir gehen in den Clinch,
greifen unseren Gegner im Nacken oder am Kopf und ziehen ihn
runter.
Wenn ihr nicht der Kämpfer sein wollt, der runter gezogen wird,
brauch ihr genug Spannung, um eure aufrechte Position zu
erhalten.

Ich selbst habe schon mehrere Leute genau so k.o. geschlagen oder
eben aufgrund von zu starker Verletzungen im Gesicht durch
technischen k.o. gewonnen.

Deshalb kann ich euch sagen. Für mich ist ein Gegner ohne
Spannung im Körper ein absolut mehr als bezwingbarer Gegner!
Genau deshalb trainieren wir mit isometrischen Übungen wie z.B.
dem Unterarmstütz unsere Körperspannung.

Um es nochmal auch auf andere Kampfsportarten zu übertragen...
Wenn ihr eine zu schwache Nackenmuskulatur habt und einen
Schlag gegen den Kopf kassiert, legt sich euer Kopf mit einem
Ruck in euren Nacken.

Genau so sieht es nämlich aus.

Aber was passiert denn da in unserem Kopf?

Der Schlag gegen den Kopf durch die uns entgegen gebrachte Technik ist schon schlimm genug für unser Hirn. Wenn unser Kopf sich aber nun noch mit hoher Geschwindigkeit ungehalten weiter bewegt, bewegt sich unser Hirn im Schädel natürlich mit.

Durch unsere anatomischen Grenzen findet diese Beschleunigung des Schädels auch irgendwann ein Ende und kommt im Nacken zum erliegen.

Das Hirn schwimmt in eurer Flüssigkeit im Kopf aber weiter und prallt von innen gegen den Schädelknochen an eurem Hinterkopf. Jetzt zieht ihr automatisch den Kopf ruckartig wieder nach vorn in seine natürliche Position und wenn ihr ganz viel Pech habt, prallt euer Hirn dann auch noch gegen die Innenseite eurer Stirn.

Schwere Traumata und eine Gehirnerschütterung sind die Folgen. Ihr geht wahrscheinlich k.o..

Abgesehen von den Folgen fühlt sich das auch kein bisschen geil an.

Manchmal im Sparring bei härteren, aber nicht zu harten Treffern kann man fühlen wie euer Hirn sich im Schädel mit bewegt. Das will keiner!

Ich werde hier nun aber nicht auf Übungen zur Stärkung der Nackenmuskulatur eingehen, weil man dabei viel falsch machen kann, was dann eher gesundheitsschädlich wäre.

Ihr solltet diese Übungen in jedem Fall zunächst unter persönlicher Anleitung durchführen bis ihr sicher genug seid Diese alleine durchzuführen. Was wichtig ist. Ihr könnt mit einer starken Nackenmuskulatur zu große und ruckartige Bewegungen des Kopfes wenigstens zum Teil verhindern.

Die Beweglichkeit

Die nächste körperliche Voraussetzung, die ihr schaffen solltet, ist in jedem Fall die Beweglichkeit.

Wenn wir an Beweglichkeit und Kampfsport denken, haben wir alle Jean-Claude van Damme vor Augen, der im Spagat zwischen zwei Stühlen hängt.

Das ist schon ziemlich cool, aber das brauchen wir nun nicht unbedingt.

Beweglichkeitsförderung bedeutet nicht allein die Dehnfähigkeit der Muskulatur zu erhöhen, sondern auch den Bewegungsradius der Gelenke zu erweitern.

Als Kickboxer und Muay Thai Kämpfer sehen wir sofort den offensichtlichen Sinn der Beweglichkeitsförderung.

Wir denken an gedrehte Tritte und dann vielleicht sogar noch gesprungen und eingedreht zum Kopf.

Das erfordert natürlich einen unglaublichen Bewegungsradius in den Hüften und eine sehr elastische Muskulatur an den Beinen.

nun kommen wir aber zum Boxer, der nicht tritt, aber definitiv ein Mobilisationstraining durchführen muss.

Wofür denn eigentlich?

Was wir auf dem ersten Blick sehen, sind natürlich die Fäuste, die ins Ziel fliegen.

Wenn wir uns die Bewegungsabläufe aber genauer anschauen, dann stellen wir fest, dass die Arme nicht die einzigen Körperteile sind, die sich in unglaublichem Radius bewegen, um den Schlag ins Ziel zu bringen.

Hier wollen wir uns aber nur ein wenig mit den Schultern eines Boxers auseinandersetzen.

Welche Aufgaben hat die Schulter eines Boxers?

Wir suchen uns hier grob drei Aufgaben heraus.

Das wäre einmal die Deckungsarbeit.

Dann hätten wir die Vergrößerung der Schlagreichweite.

Und hier nun als dritte Aufgabe die Veränderung des Angriffswinkels und somit die Schlagrichtung und Kraftwirkung.

Etwas, an dem man wirklich über Jahre pfeilen muss, ist die Erweiterung der Schlagreichweite über das nach vorn schieben der Schulter.

Die Bewegung selbst ist nicht schwierig zu verstehen.

Ihr schiebt eben die Schulter erst mal so weit nach vorn wie ihr könnt, ohne dabei den Schultergürtel oder euren Körper mitzudrehen.

Wenn ihr das langsam übt, werdet ihr feststellen, dass eure Rückenmuskulatur beginnt zu spannen.

Eben Diese müsst ihr dehnen, damit sie elastischer wird und bei einer Spontanbelastung das größere Ausladen des Schultergelenkes auch verletzungsfrei zulässt.

Wie oben schon erwähnt, hat die Schulter nicht nur, aber auch beim Boxen die Aufgabe eure Deckung zu verstärken. Das bedeutet nicht nur beim bloßen "zu machen", wo ich mich komplett hinter meinen Armen, Handschuhen und eben auch hinter den Schultern verstecke.
Auch beim Schlag, also wenn ich angreife, kann ich mich gleichzeitig mit der Schulter schützen.
Es liegt erst mal nahe, dass der Arm, der gerade nicht angreift für die Verteidigung gegen eventuelle Konter verantwortlich ist.
Das ist auch soweit richtig, nur dass auf Seiten des Schlagarmes ebenfalls irgendwie verteidigt werden muss. Z.B. gegen sogenannte "Over-Hands".
Bei einem "Over-Hand" Konter kann über den angreifenden Arm auf der gleichen Seite geschlagen werden.
Das bedeutet.
Wenn mein Gegner mit einer linken Geraden angreift, kann ich diese z.B. mit einem rechten Haken über seinem linken Arm hinweg, gegen seinen Kopf auskontern.
Mein Gegner sollte dann nicht bloß sein Kinn senken, um dieses zu verstecken.
Wenn er bei seinem Angriff seine Schulter nicht bloß nach vorn schiebt, sondern gleichzeitig hoch und so einen Teil seines Gesichtes verdeckt, ist er wahrscheinlicher gegen einen möglichen Konterangriff geschützt.
Wie oben schon gesagt, braucht man aber nun mal einen ziemlich großen Bewegungsradius in der Schulter.
Dafür müssen wir eben Mobilisationsübungen machen, selbst wenn wir "nur" boxen.

Die richtige Technik

Kommen wir nun zu den technischen Fertigkeiten.
Nachdem ich mich für eine Sportart entschieden hab, muss ich mir in jedem Fall über das Regelwerk Gedanken machen.
Es ist unglaublich wichtig zu wissen, was nicht nur ihr machen dürft, sondern auch was euer Gegner machen darf.
Womit kann er angreifen?
In welche Situationen kann er mich bringen?
Wie kann ich mich gegen Diese verteidigen?
Man braucht einfach Werkzeuge für jede Ebene des Kampfes.

Mir wurde schon unglaublich oft vorschlagen mal einem MMA (Mixed Martial Arts) Kampf im Käfig zu machen.
Ich hab da auch grundsätzlich Bock drauf, aber meine Antwort ist immer.
"Ich muss dafür erst mal Ringen und Jiu-Jitzu lernen."
Ja, vielleicht kann ich im Stand dominieren, weil ich dort wahrscheinlich der erfahrenere Kämpfer bin, aber beim MMA kommt eben der Bodenkampf und auch das Ringen im Stand mit seinen Würfen dazu.
Wenn ich da nicht weiß was ich zu tun hab, brauch ich gar nicht erst in den Käfig klettern.
Nun hab ich schon die eine oder andere Stunde Jiu-jitzu hinter mir und wenn dein Gegner auf dir sitzt und ein bisschen weiß was er da macht, dann kriegst ihn einfach auch nicht von dir runter.
Jetzt stellen wir uns vor der darf auch noch hauen.
Genau...
Wir steigen nicht unvorbereitet in den Käfig und auch nicht in den Ring.
Das Regelwerk muss klar sein, denn das Regelwerk bestimmt den Verlauf eines Kampfes.

Für mich persönlich beginnt das Techniktraining beim Schattenboxen.
Nun spreche ich von effizientem Training. Das macht nicht immer Spaß.

Vor allem beim Schattenboxen kommt man sich zu Anfang schon ziemlich bescheuert vor.

Nun wenn wir aber z.B. am Sandsack oder den Pratzen beginnen, stellen wir automatisch Kraft über Technik, weil beide Trainingswerkzeuge ganz einfach einen gewissen Aufforderungs-Charakter mit sich bringen.

Wenn ich einen Sandsack seh, dann will ich dagegen hauen. Dabei ist mir erst mal egal wie und genau das ist das Problem.

Es ist nicht egal wie wir da gegen hauen!

Wenn ich beim Schattenboxen zu hart schlage, werde ich mich lang machen, wenn meine Grundhaltung nicht stabil genug ist.

Wenn ich merke, dass ich mein Gleichgewicht verliere, werde ich versuchen mich so zu bewegen, dass das nicht mehr passiert.

Der Sandsack oder die Pratzen fangen da schon viel auf.

Weil der Mensch, der mir dann die Pratzen hält sozusagen gegen meine Fäuste "schlägt", fängt er mich auch, wenn ich das Gleichgewicht verliere.

Genau so stütze ich mich auch gegen den Sandsack.

Bei groben Fehlern werd ich auch dort merken was falsch läuft.

Wenn es aber um Details geht, ist es beim Schattenboxen viel leichter zu fühlen und dann zu korrigieren.

Nun muss ich beim Schattenboxen das ganze Arsenal abfeuern können.

Ich trainiere meinen Stand, die verschiedenen Schritte und natürlich Angriffs- und Verteidigungstechniken.

Ein Spiegel bringt dabei nochmal die bittere Wahrheit ans Licht, wenn wir denken wir können es schon.

Falls ihr keinen Spiegel habt, könnt ihr auch einfach mal ein Video von euch selbst machen und dann schauen was ihr davon haltet wie ihr euch so bewegt.

Um nochmal drauf zurück zu kommen...

Ihr müsst euch über das Regelwerk, unter dem ihr in den Ring steigt im Klaren sein und dann alle möglichen Angriffe und dazu passenden Meidbewegungen beim Schattenboxen durchspielen.

außerdem könnt ihr hierbei schon die Strategie oder das Konzept, das euer Trainer für euren Kampf aufgestellt hat, versuchen zu verinnerlichen.

Abgesehen davon wird die Muskulatur, die ihr für spätere Übungen braucht, schon durchblutet und ihr senkt ganz einfach das Verletzungsrisiko.

Ihr könnt nicht alle Fehler gleichzeitig korrigieren. Wenn wir mit dem Training beginnen, können wir nur scheitern, wenn von Anfang an alles perfekt aussehen und laufen soll. Das geht einfach nicht. Wir müssen uns ein Ziel setzen.
Zum Beispiel konzentriere ich mich auf die Beinarbeit. Ich schaue, dass ich mein Gleichgewicht bei den verschiedenen Schritten nicht verliere. Oder, dass meine Füße nicht den Boden verlieren.
Grundsätzlich macht es einfach Sinn die Kontrolle über die eigenen Bewegungen zu behalten.
Im Training sage ich immer:"Macht diese Schritte nicht aus versehen. Ihr müsst entscheiden die zu machen."
Nochmal ein kleines Beispiel.
Viele Linksausleger neigen dazu sich während ihren Schlägen nach links zu bewegen.
Das ist erst mal nicht falsch.
Es ist nur dann falsch, wenn es automatisch passiert, denn genau dann wird es zu einer Angewohnheit, die von einem potenziellen Gegner oder dessen Trainer kalkulierbar wird.
Ich meine also, dass ich zu entscheiden habe, ob ich während meiner Schläge auf der Stelle bleibe, zur Seite gehe oder zurück.
Egal wohin meine Bewegungen mich führen.
Ohne, dass sie eine Reaktion auf eine Aktion des Gegners sein könnten oder zum Beispiel das Ziel der strategisch richtigen Bewegung im Ring oder Käfig sind, sollten solche Bewegungen nicht automatisiert werden.

Wichtig ist für uns, dass wir uns sicher fühlen und auch ein bisschen gut, wenn wir uns bewegen.
Wenn wir dann weiter mit den Pratzen arbeiten, sollten wir so gut wie möglich versuchen unsere Techniken auf die Pratzen zu übertragen.
Wie oben schon erwähnt, haben die Pratzen natürlich einen starken Aufforderungscharakter.

Trotzdem können wir nicht einfach irgendwie da drauf ballern.
Für das Pratzentraining ist wichtig zu wissen, dass Trainer und
Schüler sich auch an den Pratzen erst mal kennenlernen müssen.
Das ist ganz normal!
Man muss einen gemeinsamen Rhythmus finden. Dabei lässt der
Schüler sich auf das ein, was der Trainer ihm zeigt und der Trainer
kommt den Stärken seines Schülers entgegen.
Es braucht einfach Geduld und Zeit einen gemeinsamen Flow zu
entwickeln, damit ihr erfolgreich an euren Techniken feilen könnt.

Bevor ich an einer Strategie für meine Kämpfe arbeite, schau ich
immer erst, dass ich mich wohl mit meinen Techniken fühle.
Ich will mir bei der Erarbeitung einer Strategie nicht Gedanken
darüber machen, wie genau nun ein bestimmter Tritt oder Schlag
funktioniert.
Das muss alles sitzen.
Wenn ich beginne an meiner Strategie zu arbeiten, mache ich mir
Gedanken über das Timing meiner Techniken.
Der Mensch, der mir die Pratzen hält, sollte sich wie mein
zukünftiger Gegner bewegen.
Seine Eigenheiten annehmen und seine bekannten
Lieblingstechniken benutzen, um mich damit unter Druck zu
setzen.
Bei einem Newcomer ist das ziemlich schwierig.
Der Gegner hat noch nie gekämpft. Es gibt nicht viel zu
analysieren, aber hier müssen wir auf die Erfahrung des Trainers
bauen.
Im besten Fall hat er selbst auch mal seinen ersten Kampf gehabt
und auch schon viele Erstkämpfer gesehen.
Er weiß also wie es sich anfühlt das erste Mal im Ring zu stehen
und er weiß auch, was euch dort erwartet und welche Techniken
aller Wahrscheinlichkeit nach auf euch zu fliegen werden.
Ein anderer Punkt ist, dass der Trainer auch sicherlich schon den
Stil des einen oder anderen Gyms kennt und so einschätzen kann
wie der Kämpfer euch wohl entgegen treten wird.
In jedem Fall solltet Ihr eurem Trainer da das Vertrauen schenken
und euch daran halten, was er sagt.

Wenn wir es geschafft haben unsere Bewegungen, Techniken und Strategien beim Schattenboxen und beim Pratzentraining anzuwenden, kommt der schwierigere Teil.

Das Sparring...

Wir sollten versuchen, das Gelernte im Sparring anzuwenden. Wofür trainieren wir mit den Pratzen spezifische Situationen, wenn wir im Sparring nicht versuchen unsere Lösungen der auftretenden Probleme dieser Situationen anzuwenden.

Dort sehen wir dann auch, was für uns funktioniert und wo wir noch besondere und gravierende Schwächen haben.

Es gibt eine dauerhafte Diskussion, ob hartes oder lockeres Sparring für eine Kampfvorbereitung sinnvoll ist.

Nun habe ich oben schon erwähnt, dass es wenig sinnvoll ist zu versuchen das Gehirn abzuhärten.

Das wird einfach nicht passieren!

Im Gegenteil.

Allerdings hat Mike Tyson es ziemlich treffend ausgedrückt, als er gesagt hat:"Everybody has plans until they get hit..."

Genau das ist die Wahrheit, an der auch viele Selbstverteidigungssysteme scheitern.

Jede Strategie, jede Technik und alle guten Ideen scheitern an dem Moment, in dem eine Faust in dein Gesicht kracht.

All das ist hinfällig, wenn der erste harte low - kick euren Oberschenkel trifft und ihr keinen Schritt mehr gehen könnt.

Die Schläge und ihre kurzzeitigen Folgen können deinen Willen zu kämpfen, von einem Moment auf den Nächsten, brechen.

Ich habe selbst schon gesehen wie Kämpfer in ihrem aller ersten Kampf, in der ersten Runde, nach dem ersten Schlag, den sie einstecken mussten in ihre Ecke geflüchtet sind und den Trainer gebeten haben das Handtuch zu werfen.

Kämpfer haben alles vergessen, was sie gelernt haben, weil es in ihrem Kopf dann nur noch um´s Überleben ging.

Es kam kein gerader Schlag mehr zustande.

Vollkommene Kopflosigkeit.

Genau aus diesen Gründen ist es wichtig in der Vorbereitung die Erfahrung zu machen Schläge einstecken zu müssen und genau in dann wisst ihr wirklich, ob ihr tatsächlich in den Ring steigen wollt oder nicht.

Allerdings macht die Dosis das Gift.

Ihr braucht keine Schläge aus vollem Lauf blank in die Zähne nehmen, um zu erfahren wie sich Schläge anfühlen.

Ich persönlich halte ein Sparring mit leichtem Kontakt als Einstieg für wesentlich effektiver, um erstens Verletzungen zu vermeiden, zweitens die Angst vor Angriffen zu verlieren und drittens unser Auge zu trainieren die Bewegungen des Gegners zu lesen.

Wenn alle Angriffe schnell und hart auf uns regnen, nehmen wir diese optisch einfach kaum wahr und wir haben auch kaum Chance zu lernen Diese wahrzunehmen.

Wenn wir gelernt haben unsere Deckung stabil zu halten, dann können wir auch mal einen harten Schlag auf die Deckung nehmen.

Es wird ohnehin passieren, dass Schläge im falschen Moment durch kommen und uns überraschend hart treffen.

Das reicht vollkommen aus, um dieses Gefühl kennenzulernen.

Ich persönlich gehe bei einem harten Sparring nicht hart zum Kopf des Partners.

Ich möchte einfach keine langfristigen Verletzungen des Partners riskieren und muss ständigen Respekt gegenüber seiner und meiner Gesundheit bewahren.

Ein kurzer Tipp:

Wenn euer Partner zu hart mit euch umgeht, ist es absolut legitim ihm zu sagen, dass er Härte raus nehmen soll.

Falls er sich nicht daran hält, ist es genau so legitim das Sparring mit ihm abzubrechen!

Gerade als Kämpfer hat man in der Vorbereitungszeit ein sehr kräftezehrendes Training und es gibt einfach Tage, an denen man sich überhaupt zum Training quält, an denen man froh ist überhaupt irgendwie schlagen zu können.

Wenn ihr dann ein hartes Sparring durchzieht, sind Verletzungen, die euch im Training zurück werfen, vorprogrammiert.

Wenn Technik und Strategie im Sparring sitzen, kann man an Feinheiten arbeiten und das gesamte Repertoire vertiefen und festigen.

Die letzte Herausforderung ist dann das Gelernte im Kampf abzurufen.

Der Kampf beginnt im Kopf

Wir kommen zu einem der schwierigsten, aber auch wichtigsten Themen, wenn es darum geht in den Ring zu steigen.

Wenn man einen Kämpfer im Ring beobachtet, hält man ihn oft für ein Monster oder zumindest kommt er einem Raubtier gleich, das hungrig aus seinem Käfig gelassen wird.

Bei manchen Kämpfen sind wir froh, dass diese Menschen im Ring oder Käfig stehen und dort frei lassen können, was in der Außenwelt unmöglich scheint oder zumindest nicht frei gelassen werden sollte.

Wie könnte man solche Menschen ungezügelt auf die Gesellschaft los lassen?!

Auch wenn es nicht so erscheint, sind all diese Kämpfer immer noch Menschen mit Gefühlen, Ängsten und Zweifeln.

Zweifeln an sich selbst, Angst vor einer Niederlage oder vor der Scham einer Niederlage.

Es hört sich komisch an, aber es passiert auch, dass die härtesten Kämpfer vor dem Kampf in der Kabine sitzen und sogar weinen.

Ich selbst fühle mich unendlich schwer bevor ich kämpfe.

Meine Stärke liegt in meinen Beinen. In meinen Kicks. Aber bevor ich mich auf den Weg in den Ring mache, krieg ich die Beine kaum hoch. Ich fühle mich als würde ich durch Treibsand laufen und dann soll ich auch noch treten?!

Gleichzeitig ist mein Gegner in meinem Kopf unendlich stark und aus trainiert.

Er hat unendlich viel Ausdauer.

Wir kämpfen fünf Runden, aber ich denke er hat Luft für zehn.

Dagegen habe ich Zweifel in mir, ob ich meine Fähigkeiten im Ring abrufen kann.

Mein Gegner kann das natürlich.

Nach all den Jahren weiß ich was ich kann, aber kommt das auch im Ring ans Tageslicht?

Das ist die Frage!

Was, wenn nicht?

Das ist die nächste wichtige Frage...

Ich habe schon oft Konsequenzen hart geführter Kämpfe tragen müssen und bin mir ziemlich sicher, dass ich das gar nicht will. Aber es ist auch gleichzeitig wie eine Medizin gegen den Alltag. Gegen meinen Alltag.

Ich muss nichts mehr beweisen.

Ich habe keine Jagd auf bestimmte Titel geplant. Das mag für den Einen oder Anderen Motivation sein, aber für mich geht es bloß um mich selbst und die Frage, ob ich das, was ich all die Jahre trainiere, übe und dabei echt Spaß habe, auch in dieser Situation abrufen kann.

Dann sitze ich dort in der Kabine oder im Hotelzimmer und krieg die Beine nicht hoch.

Ich sage mir sogar:"Das ist das letzte Mal. Dieses Mal ziehe ich noch durch, aber dann reicht es!"

Nach dem Kampf?

Nach dem Kampf bin ich akribisch auf der Suche nach der nächsten Herausforderung!

Ich suche Gegner, Veranstaltungen und nach dem Kick des Verrückten.

Ich möchte etwas noch krasseres machen, als das, was ich da gerade eben gemacht hab.

Ein immenser Kontrast zu den Gedanken, die mir vor dem Kampf durch den Kopf geschossen sind.

Ich selbst frage mich immer wie es möglich wäre sich selbst die Nervosität zu nehmen.

Es gibt keinen Weg!

Ihr werdet nervös sein und das ist auch gut so.

Adrenalin schießt durch eure Adern und bewahrt euch vor den bevorstehenden Schmerzen und halten euch wachsam.

Die Angst und die zweifel dürfen uns aber nicht blockieren.

Ich habe mir lange und oft Gedanken darüber gemacht wie ich an die Dinge heran gehen kann und sollte, um mich vor dieser Achterbahn im Kopf zu schützen.

Es gibt keinen Weg. Man muss da durch und diese Dinge überwinden.

Auch das macht einen Kämpfer zum Kämpfer.

Der Mutige ist dann mutig, wenn er seinen Ängsten entgegen tritt und sich ihnen stellt, sie überwindet.

Der Naive und unerfahrene hat keine Angst, aber mutig ist er nicht!

Er kennt die möglichen Konsequenzen dessen, was auf ihn zu kommt nicht.

Aber es gibt ein paar Gedanken, die ich streichen kann und meinen Ängsten damit ein wenig Wind aus den Segeln nehmen kann.

Damit mache ich es mir leichter mit mehr Selbstbewusstsein in den Ring zu steigen.

Frei im Kopf

(Der Autor bei seinem Kampf (rechts im bild) auf der ISFN 2018; Fotograf: Roger Buer)

Das Training und seine Belastung. Die mentale Achterbahn und der immer näher rückende Termin des Tages, an dem ich mich dieser Ausnahmesituation stelle, sind schon einnehmend genug. Während dieser ganzen Zeit gibt es keinen Raum für andere mentale Belastungen!

Das bedeutet:

Wenn ihr einen neuen Job habt und euch einarbeiten müsst oder gerade in der Probezeit, dann solltet ihr euch darauf konzentrieren an eurem Arbeitsplatz zu funktionieren.

Wenn ihr kurz vor einem besonderen Abschluss oder Prüfungen steht und lernen müsst, dann solltet ihr euch darauf konzentrieren. Tatsache ist, dass die Vorbereitung auf einen Kampf derart belastend sein kann, dass es neben Dieser einfach keine anderen besonderen Verantwortlichkeiten sich selbst oder anderen gegenüber geben sollte.

Ihr habt nur hundert Prozent. Kommen besondere Aufgaben in eurem Leben dazu, habt ihr nicht von jetzt auf gleich mehr Energie eure Aufgaben zu bewältigen!

Das bedeutet, dass ihr entweder lernt oder trainiert.

Selbst wenn ihr trainiert, während ihr euch auf eine wichtige Prüfung oder Klausur vorbereitet, wird das Training beim Training nur eine Nebenrolle einnehmen und das ist schlecht, wenn wir uns nochmal klar machen, dass wir mit einem Menschen in den Ring steigen, der womöglich dazu in der Lage ist uns ernsthaft zu verletzen.

Wenn ihr für eine Prüfung lernen müsst, während ihr euch auf einen Kampf vorbereitet, wird der Gedanken an den bevorstehenden Kampf eure Welt einnehmen und auch, wenn ihr euch hinter eure Bücher klemmt, werdet ihr nicht lernen, wie ihr solltet, um diese Prüfungen zu bestehen.

Hierbei geht es dann aber, zumindest in Deutschland, um das echte Leben und das solltet ihr möglichst erfolgreich bewältigen können, um eben im Alltag zu bestehen.

Wenn man nun schon ein paar Kämpfe gemacht hat, ist vieles anders und man kann mit manchen Situationen vielleicht besser umgehen, aber für den ersten Kampf rate ich immer dazu mit freiem Kopf und ohne besondere Verpflichtungen in die Vorbereitung zu gehen.

Sieg oder Niederlage

Wenn wir zwei Parteien oder Mannschaften haben, gibt es einen Gewinner und einen Verlierer.
Darüber sind wir uns alle im Klaren.
Das Problem, das ich mit diesen Begriffen habe, ist, dass das Wort des Verlierers in unserem Verständnis sehr negativ behaftet ist.
Im Laufe unseres Lebens müssen wir lernen zu verlieren und auch damit um zu gehen.
Das ist unglaublich wichtig für uns, damit wir lernen können mit Rückschlägen egal welcher Art umgehen zu können.

Auch im Zweikampf gibt es einen Verlierer und einen Gewinner, was auch vollkommen richtig ist.
Wir sind enttäuscht, wenn wir einen Kampf verlieren. Das ist eine unglaubliche Strafe für uns selbst, aber wir haben auch etwas gewonnen.

Es mag sich erst mal seltsam Anhören, aber die Lehren, die wir aus Niederlagen ziehen, sind die, die uns am Ende zu größeren Menschen machen und auch zu stärkeren Kämpfern.
Für mich persönlich gibt es bei einem Kampf keinen Verlierer.
Klar kassiert einer. Man wird auf die Bretter geschickt oder verletzt sich so stark, dass man den Kampf nicht fortsetzen kann.
Man kann auch durch pure Dominanz des Gegners den Kampf verlieren und das ist auch okay.
Aber sind wir dann Verlierer in dem Sinne, in dem ich mir einen Verlierer vorstelle, wenn ich die Augen schließe und das Wort höre?
Nein!
Wir kämpfen drei mal eine Minute oder drei mal drei, oder fünf mal drei Minuten, oder was auch immer für einen Zeitrahmen unser Kampf nun hat.
Aber ist das die Kampfzeit?
Nein!

Der Kampf beginnt bei dem Entschluss den Schritt zu wagen und in das Training für die Kampfvorbereitung einzusteigen.
Dort beginnt der Kampf zuerst, denn mit dem Beschluss steht noch lang nicht fest, dass wir tatsächlich ein Mal im Ring stehen werden.

Wir trainieren hart, lernen die Techniken, machen uns fit und bekommen beim ersten Sparring derart auf die Schnauze, dass wir so weit davon entfernt sind irgend etwas wie Selbstbewusstsein zu fühlen gegen einen fremden Menschen einen Zweikampf anzutreten.
Genau dieser Status kommt in einer intensiven Vorbereitungszeit ungefähr jede Woche vor.
Ja mit der Zeit wachsen unsere Fähigkeiten und wir werden schneller, stärker und immer besser in den Techniken, aber es gibt einen Montag und es gibt einen Freitag und zwischen diesen beiden Tagen passiert eine ganze Menge, das uns körperlich und mental extrem belastet.
Am Freitag Abend bei der letzten Trainingseinheit der Woche habe ich keine Kraft mehr irgendwo gegen zu schlagen.
Das Training sieht dementsprechend aus und es ist der aktuelle Stand der Dinge, den wir betrachten.
Dieser sieht nicht danach aus, als könnten wir irgendwen im Kampf gegenüber treten.
Wir kämpfen mit uns selbst. Gegen unseren Körper und gegen unseren Geist.
Unser Leben steht hinten an und wir kriegen nichts mehr gebacken.
Dieses auf und ab zwischen erfolgreichen Trainingseinheiten und absolut frustrierenden Einheiten, in denen wir uns fühlen wie ein Ersatzteillager, ist extrem anstrengend.

Zieht das eine Woche durch, zwei Wochen, zwei Monate oder drei Monate.
Ihr werdet wahnsinnig!
Allerdings habt ihr bis dahin noch keinen Fuß in den Ring gesetzt und niemandem gegenüber gestanden, der euch wirklich wirklich weh tun will.

Bislang ist alles nur Theorie und Training.

Bis zum Kampftag habt ihr unglaubliches geleistet, an dem geschätzt neunzig Prozent der Menschen unserer Gesellschaft schon scheitern.

An diesem Punkt... Welcher dieser Menschen, und auch ihr selbst, hat das Recht euch einen Verlierer zu nennen, in dem Sinne, unter dem wir uns einen Verlierer vorstellen.

Ich bin noch gar nicht auf die Ernährungsumstellung eingegangen.

„Verzicht" ist hier das Stichwort. Du bist der Mensch, der bei Familienfeiern „nein" sagt, wenn man dich fragt, ob du noch Kuchen möchtest.

Es gibt einen Verlierer, weil es einen Verlierer geben muss, wenn zwei Kontrahenten aufeinander treffen.

Aber ist das etwas Schlimmes?

Nein!

Es ist Teil des Spiels.

Wir gewinnen. Wir verlieren.

Es ist erst dann schlimm, wenn man es schlimm macht, aber wenn wir es unbedingt in Gewinnen und verlieren einteilen wollen, ist man schon ein Sieger bevor man in den Ring steigt, denn bis zu diesem Punkt hat jeder Kämpfer eine außergewöhnliche und besondere Leistung vollbracht, der in jeder Hinsicht großer Respekt zu zollen ist!

Löst euch von dem Bild, das ihr von einem Verlierer habt und seht das Gewinnen und Verlieren als Teil des Ganzen.

Unabhängig von dem Begriff „Erfolg"

Denn erfolgreich ist schon der, der den Weg beschritten hat!

Weiter müssen wir noch klären, wie eigentlich so ein Sieg sein kann und wie eine Niederlage aussehen kann und welche Folgen sich daraus ergeben könnten.

Es ist eine Tatsache, dass wir manchmal einfach nicht in der Hand haben, ob wir gewinnen oder verlieren.

Wenn man als Beispiel gegen einen Bekannten vom Veranstalter einer sogenannten Gala kämpft, dann ist es möglich, dass der Sieg an den Gegner geht, wenn der Kampf zumindest knapp aussieht.

Jeder Trainer kann euch Geschichten über Fehlurteile erzählen. Davon gibt es mehr als genug. Am Ende steht auf einem Zettel, dass ihr verloren habt und niemand fragt mehr nach wie der Kampf eigentlich gelaufen ist.

Ihr fühlt euch auch als Verlierer, weil ihr eben als solcher betitelt wurdet.

Das ist kein gutes Gefühl und was sagt man, wenn jemand fragt?!

„Ich habe offiziell verloren, aber eigentlich hätte ich gewinnen müssen."

Ja, das kann erst mal jeder sagen. Am Ende steht eben immer noch dieses Urteil dort.

Deshalb muss ich klar mit dem möglichen Ausgang und der Entscheidung des Kampfes sein. Es kann sein, dass ich durch eine Fehlentscheidung offiziell verliere. Das ist dann halt so und das ist auch okay! Wir können es nicht ändern, aber wenn ich Klarheit über diesen Umstand in mir trage, wird es mich nicht mehr so ganz extrem belasten.

Der nächste Punkt betrifft die Qualität des Kampfes, den ich abliefere.

Unser erster Kampf dauert möglicherweise, je nach Regelwerk, drei mal neunzig Sekunden.

Drei mal neunzig Sekunden bin ich in der Lage, wie eine Nähmaschine irgendwie auf meinen Gegner ein zu hacken, wenn ich einigermaßen fit bin.

Wenn ich ihn dann öfter treffe, als er mich, dann gewinne ich diesen Kampf.

Auch wenn wir vielleicht nur ein Mal im Leben in den Ring steigen wollen. An welche Art Kampf wollen wir uns später zurück erinnern?

An eine wilde Prügelei? Oder möchte ich womöglich versuchen im Kampf das anzuwenden, was ich Monate oder vielleicht Jahre schon trainiere und wie verrückt übe?!

Nämlich Kampfsport!

Wir trainieren Techniken und Strategien in wirklich ermüdender Fleißarbeit. Fast jeden Tag. Wochen und Monate lang, um es dann einfach nicht im Kampf anzuwenden?

Ich denke da kann ich genau so gut auf der Kirmes oder im Stadion boxen.

Dafür brauch ich mich nicht im Gym quälen.

So `ne wilde Geschichte kann ich einfacher haben.

Es kann nun sein, dass der Gegner aber Nähmaschine spielt.

Wie reagiere ich dann?

Ich versuche meine Linie zu halten.

Mich an Strategie und Techniken zu halten, die ich gelernt habe.

Ich möchte das im Kampf umsetzen, was ich mir hart erarbeitet habe und am Ende sagen können, dass ich einen Sport eben in einem sportlichen Wettkampf ausgetragen habe, der auch danach aussah.

Unter den Umständen der begrenzten Kampfzeit und der Möglichkeit, dass man eben auch auf diese Art nach Punktentscheidung gewinnen kann, muss ich dann als ernsthafter Kampfsportler in Kauf nehmen, nach offiziellem Urteil zu verlieren.

Für mich persönlich ist das in Ordnung!

Ich selbst habe schon während eines Kampfes entschieden Diesen zu verlieren, weil ich wusste, dass mein Gegner in der folgenden Runde aufdrehen wird.

Ich habe mich an meine Linie gehalten und das, was ich mir für diesen Kampf vorgenommen habe zu üben, genau so weiter durchgezogen.

Die möglichen Folgen eines solchen Kampf Ausganges können für Gewinner und Verlierer sehr unterschiedlich sein.

Gehen wir von einem wilden Gewinner aus, der sich seinen Sieg in drei mal neunzig Sekunden erprügelt hat.

Die Belohnung des Erfolges für diese Leistung wird ihn für den nächsten Kampf dazu ermutigen auf ähnliche Art und Weise wieder zu kämpfen.

Vielleicht hat er auch weiterhin Erfolg bis zum Klassenaufstieg.

Je höher man in den Erfahrungsklassen kommt, desto länger werden die Rundenzeiten. Die Anzahl der Runden erhöht sich und die Gegner werden immer besser, denn schließlich muss man sich in den Klassen hoch kämpfen.

Dementsprechend trifft man auf erfahrenere Gegner.

Letztendlich wird es irgendwann nicht mehr reichen die Runde einfach durch zu prügeln.

Irgendwann dauern die nämlich mindestens drei Minuten pro Runde.

Aus Spaß könnt ihr es jetzt mal ausprobieren einfach nur drei Minuten am Stück durch in die Luft zu schlagen.

Dann stellt euch vor der Andere haut zurück und das müsst ihr nicht nur eine, sonder bis zu fünf Runden durchziehen.

Richtig.

Das wird nix.

Aber nun haben wir nix Anderes geübt bzw. sind wir schon routiniert darin auf wilde Art und Weise unsere Kämpfe zu machen.

Die Zeit, die wir im Ring verbringen, verbinden wir mit unserer Art zu kämpfen. An diesem Punkt ist es unheimlich schwierig an seinem Kampfstil solche groben Veränderungen an zu trainieren.

Wenn wir uns aber vornehmen uns an unser Training zu halten und im Kampf etwas dazu zu lernen, dann werden wir mit jedem Kampf, in dem wir versuchen das Training anzuwenden, immer besser im Kampf.

Selbst, wenn wir zu Anfang ein paar Kämpfe verlieren, werden wir zum späteren Zeitpunkt erfolgreicher und auch attraktivere Kämpfe machen.

Das ist mein persönlicher Anspruch an mich selbst als Kampfsportler.

Das richtige Umfeld

Umgib dich mit Menschen, die ein ähnliches Ziel verfolgen. Das muss nicht der Kampf sein, aber sie sollten ambitioniert und diszipliniert darin sein sich in dem Kampfsport weiter zu entwickeln und zu lernen.

Außerdem wird es mit der Zeit immer klarer werden, dass wenige Menschen verstehen können warum wir tun, was wir tun.

Das ist erst mal nicht schlimm. Was aber schlimm ist, ist oft die in Frage Stellung der Menschen, die euch umgeben.

Es ist möglich, dass man versucht es euch auszureden oder euch immer wieder mögliche Konsequenzen aufzeigt.
Allerdings eben das meistens von Menschen, die selbst einfach gar keine Ahnung haben.
Sicherheit in eurem Wunsch zu kämpfen, ist ganz wichtig.
Euer Umfeld darf keine Zweifel in euch sähen, denn ihr selbst werdet schon genug zweifeln.
Ihr werdet euch im Laufe des Trainings auch ohne Worte, durch harte Sparringseinheiten und im Training ohnehin schon mehr als ein Mal fragen, ob ihr all das wirklich wollt.
Das liegt aber eben an der unglaublichen Müdigkeit, die sich mental und körperlich in euch breit macht.
Wenn euer Wille dann auch noch von außen in Frage gestellt wird, wird es bloß schwerer den Weg weiter zu gehen.

Auf der anderen Seite gibt es auch Menschen, die sich über eure Leistung profilieren wollen.
Das kann genau so scheiße sein. Selbstbewusstsein ist auf jeden Fall angebracht, aber ein realistisches Selbstbewusstsein.
Wir können stolz sein, wenn wir die Woche hinter uns gebracht haben, aber müssen auch unbedingt auf dem Teppich bleiben und uns auch den noch bevorstehenden Weg vor Augen führen.
Freunde, die euch zu hoch in den Himmel loben, auch vor anderen, werden euch genau so schnell fallen lassen, falls ihr euren Kampf verliert, denn dann verlieren sie ihr Gesicht, weil sie euch vor anderen Leuten so hoch gelobt haben.

Am Ende sollte aber eins klar sein.
Keiner der Menschen, die solch einen Weg nie gegangen sind, wird nachvollziehen können, was ihr da eigentlich macht.
Keiner weiß wie es sich körperlich anfühlt und es weiß auch keiner was in eurem Kopf abgeht.

Das heißt für mich, dass ihr mit wenigen nahestehenden darüber reden könnt, um euch Luft zu machen, aber bei deren Worten dazu kann man schon entspannt auf Durchzug schalten, weil da eh nichts Brauchbares bei rum kommt.

Zumindest in den meisten Fällen kommt da nichts bei rum.
Am Ende belastet euch die Antwort vielleicht und ihr wünscht
euch einfach nichts gesagt zu haben.

Ich hab schon alles Mögliche von Freunden gehört.
„Den zerstörst du eh...“
„Friss ihn...“
„Gib ihm richtig.“

Und so weiter...
Aber ey alter...!

Der Andere trainiert auch! Wer sagt, dass ich ihn fresse?
Wer sagt, dass ich stärker, schneller oder einfach besser bin?
Wer sagt, dass ich genau an dem Tag fit bin oder einfach keinen
schlechten Tag hab?
Das kann alles passieren!
Ist das schlimm?
Nein!

Für eure Kumpels ist das schlimm, weil sie keinen Verlierer zum
Kumpel haben wollen.
Sie wollen nämlich ihren Freunden erzählen, dass ihr Kollege ein
heftiger Fighter ist und grad irgendwen um gerotzt hat.

Im Gegensatz zu „normalen“ Menschen werdet ihr fitter, stärker
und ausdauernder sein.
Ihr werdet einen ganz anderen Alltag haben und euch körperlich
und mental auf ein Level begeben, das für einen Großteil in eurem
Umfeld nicht mal zu erahnen ist.
Klar seid ihr krass!

Im Gegensatz zu euren Kumpels, aber ihr steht nun mal einem
anderen trainierenden Kämpfer gegenüber, der nicht zu eurem
Bekanntenkreis gehört und dem ist egal was deine Jungs über dich
sagen!

Also immer den Ball flach halten und mit Leuten sprechen, denen ihr wirklich vertraut.

Die eine qualifizierte Meinung haben könnten oder euch zumindest einen anderen Blick auf die Situation verschaffen können.

Hochmut kommt vor dem Fall und der kann im Ring ganz schön tief sein, bevor ihr auf die Bretter aufschlagt.

Nun ein etwas brisanteres Thema: Eine Beziehung.

Es hört sich hart an, aber eure Beziehung darf euch nicht im Weg stehen.

Wenn so manch ein Trainer das hier ließt, wird er mir zustimmen, denn jeder Trainer hat bereits die Erfahrung machen müssen einen Schüler an einer Beziehung verloren zu haben.

Für einen Kampf ist das nochmal schlimmer, denn am Ende wollt ihr den Ring mit jemandem teilen, der euch einfach weh tun möchte.

Wenn eurer Partner oder Partnerin euch die Hölle heiß macht, weil ihr wieder zum Training geht oder auch nicht das essen könnt, was er oder sie isst, weil ihr Diät halten müsst, dann ist das eine Belastung, die ihr absolut gar nicht gebrauchen könnt.

Wenn man euch dazu überreden möchte einen schönen Abend zu verbringen, anstatt zum Training zu gehen, dann ist das einfach komplett Schrott, weil ihr zum Training müsst!

Wenn ihr dann hin geht und die ganze zeit daran denken müsst nun euren Partner enttäuscht zu haben, dann ist das eine Belastung, die euch davon abhält einen Erfolg im Training überhaupt wahrzunehmen.

Ein schöner Abend kann auch am Wochenende stattfinden oder eben gar nicht.

So ist das dann nun mal in der Kampfvorbereitung.

Beides geht nicht.

Das muss jedem klar sein!

Versteht mich nicht falsch.
Eine Beziehung ist nicht das Problem.
Die Menschen in einer Beziehung sind das Problem.
Verständnis ist das Stichwort. Wenn es keins gibt, dann kann die
ganze Aktion nur in einem Drama enden.
Mit den Worten „Ich hab dir doch gesagt du sollst es lassen."
Und das will keiner hören.
Viele Profis verlassen für die Vorbereitungszeit auf wichtige
Kämpfe ihr ganzes Umfeld.
Das ist für unsere Bedürfnisse einen ersten Kampf zu machen
natürlich etwas extrem und auch gar nicht nötig, aber dennoch ist
es wichtig, dass die Menschen, die einem nahe stehen, euch
unterstützen oder zumindest nicht im Weg stehen.

Falls ihr den Schritt wagt und euch einem Kampf stellen wollt,
werden ihr ganz schnell merken wer und was euch zusätzlich
belastet, was euch hilft und wer euch wirklich unterstützt.

Es wird der Tag kommen, an dem ihr wisst, dass ihr und wann ihr
in den Ring steigen werdet.
Wen von euren Freunden und Bekannten nehmt ihr am Besten mit,
um euch zu unterstützen.
Mein Tipp: Gar keinen...

Jeder kennt es. Man schaut ein Fußballspiel. Der Stürmer rennt auf
das gegnerische Tor zu, schießt und haut den Ball voll daneben. Es
dauert keine Zwei Sekunden und der Mensch, der am wenigsten
danach aussieht, als hätte er jemals vor einen Ball getreten, ruft:
„Ich hätte den locker rein gemacht!!!"
JAAAA genau...
Ich sag euch nun. Jeder hat so einen kleinen Klugscheißer in sich.
Ich, ihr und auch eure Freunde und Bekannten. Das ist okay und
auch manchmal witzig. Wenn ihr allerdings kämpfen möchtet und
währenddessen oder danach keine Lust auf Kopfschmerzen,
aufgrund nerviger und unqualifizierter Kommentare habt, solltet
ihr einfach niemanden mitnehmen.

Außer euch in dem Moment und Andere, die schon gekämpft haben, kann niemand nachvollziehen wie es sich anfühlt solch einen Kampf zu machen und Diesen einfach auch emotional zu erleben.

Gehen wir von folgender Situation aus:
Der Gong ertönt. Es geht los.
Nach den ersten drei Sekunden kommt es zum ersten Schlagabtausch und ihr trefft euren Gegner mit einer guten Rechten am Kinn.
Nun schreien alle Zuschauer und eure Freunde „hinterher", ABER euer Gegner ist nicht umgefallen und er ist auch wahrscheinlich nicht kurz davor.
Nun geht ihr wie wild hinterher und fangt an auf ihn ein zu trommeln wie verrückt.
Alle eure Freunde sind da und ihr wollt ja auch nicht blöd aussehen vor denen.
Was passiert?! Er schlägt zurück und trifft euch am Kinn.
So geht man dann schon mal ganz schnell auf die Bretter, wenn man eigentlich dachte, dass man den Gegner runter schickt.

Der andere Fall, der meiner Meinung nach der Richtige wäre. Ihr geht nicht hinterher, bleibt ruhig und schaut erst mal, was überhaupt los ist.
Dann werdet ihr vielleicht erkennen, dass euer Gegner zwar einen guten Schlag kassiert hat, aber noch weit davon entfernt ist benebelt zu sein.

Der Kampf geht weiter und aus irgend einem Grund verliert ihr den Kampf.
Im Anschluss werdet ihr euch folgende Worte anhören müssen:
„Warum bist du da nicht hinterher gegangen? Der war fertig..."
Nein, war er nicht...
Das ist eine der größten Schwierigkeiten, wenn man die ersten paar Kämpfe macht.
Einfach ruhig zu bleiben.

Termin setzen
Kampftag festlegen

Eine Sache, die meiner Meinung nach klar sein sollte, ist, dass wir erst trainieren müssen und uns dann für einen Kampf anmelden, wenn wir uns eine Basis an Technik und Fitness geschaffen haben.

Wir können nicht von Null auf Hundert in der Vorbereitung für den Kampf.
Unser Körper muss bereit dafür sein. Nicht nur unsere Muskeln, sondern auch Sehnen und Gelenke brauchen Zeit sich an diese besondere Belastung, die dann auf uns warten, zu gewöhnen.
Dazu kommt, dass unser Selbstbewusstsein steigt, wenn wir Strategien technisch schneller umsetzen können, wenn wir die einzelnen Techniken eben schon sicherer abrufen können.
In einer Vorbereitung auf einen Kampf zu lernen wie man schlägt, ist zeitaufwendig und auch für das Selbstbewusstsein ein Dämpfer, wenn wir schon einen Termin haben und uns zusätzlich unter Druck setzen, dass wir nun unbedingt die Technik schnell lernen müssen, weil ja eben der Termin schon steht.
Das schafft eine Stresssituation, die unserem Ziel einfach nicht dienlich ist.
Natürlich werden wir auch technisch riesige Fortschritte im Rahmen der letzten Vorbereitungsphase machen.
Es ist jedoch ein Unterschied, ob mit dem Training zusammen immer mehr Details klarer werden oder ob wir grundsätzlich noch gar nicht geradeaus schlagen können.

Wenn wir uns nun auf ein physisches Fitness Niveau gebracht haben, das eine solide Grundlage für ein Wettkampftraining bietet, ohne dass unser Körper nach der ersten Woche einfach auseinander fällt, müssen wir nun noch unseren Kopf klar kriegen.
Wie vorhin schonmal erwähnt, sollte in den Wochen vor dem Kampf keine berufliche oder schulische Herausforderung liegen, die unsere Gedankenwelt so sehr einnimmt, dass wir uns nicht mehr auf das Training oder eben auf diese Prüfungen oder was auch immer auf uns wartet, konzentrieren können.

Ich denke, dass wir uns zumindest drei bis vier Wochen vor dem Kampf keine zusätzlichen anderweitigen mentalen Belastungen neben dem Wettkampf auferlegen sollten.
So stellen wir sicher, dass wir uns größtenteils auf unser Training und die mentale Vorbereitung konzentrieren können.

Wenn wir dann nun einen Zeitraum gefunden haben, in dem wir einen Kampf planen könnten, müssen wir uns ganz genau überlegen, ob wir das wirklich wollen.
Ihr werdet im Laufe der Vorbereitung immer wieder zweifeln.
Das ist ganz normal, aber wenn die Entscheidung steht, dann sollte Diese fest sein.
Es gibt nichts Schlimmeres für einen Kämpfer, als der Moment, in dem der Gegner den Kampf absagt.
Stellt euch vor.
Ihr habt euch nun Wochen lang im Training vorbereitet. Euch alles frei gehalten. Diät gehalten. Euren alltag weitestgehend von sonstigem Stress befreit und euer Leben steht nun ein klein wenig still.
Der Kampf steht vor der Tür.
Noch fünf Tage und ihr steht im Ring.
Eure Nerven sind gespannt wie Drahtseile und ihr wisst nicht, ob ihr weinen oder euch freuen sollt, aber eigentlich ist es ja aufregend und ein neues Abenteuer.
Man freut sich, aber ja... Der Andere haut auch zurück und das tut weh.
Da wir aber trainiert und jede mögliche Situation im Training tausendfach durchgespielt haben, seid ihr bereit.
Jetzt muss nur noch der Tag kommen, an dem ihr endlich herausfinden könnt, ob ihr tatsächlich bereit seid.
Ob ihr im Ring abrufen könnt, was ihr im Training geübt und gelernt habt.
Adrenalin erreicht euer Herz, obwohl es noch gar nicht so weit ist.
Ihr habt noch Zeit.
Ihr guckt, ob euer Gewicht stimmt. Die letzten Trainingseinheiten warten auf euch.

„Hab ich genug trainiert?"
„Bin ich fit genug?"
„Wer wird mein Gegner sein und was kann er?"
NIEMAND!
Denn euer Gegner hat gerade ebend abgesagt. Aus welchem Grund auch immer.
Es wird kein neuer gefunden. Die Zeit ist zu knapp.
Ihr kämpft nicht.
Ihr habt `ne Menge gelernt, aber anwenden könnt ihr es nicht, denn ihr werdet nicht im Ring stehen!
Das ist ein scheiß Gefühl.
Und wenn eins ganz klar sein sollte.
Wir wollen nicht der sein, der dieses Gefühl bei irgendwem auslöst!
Wir sagen nicht ab!
Wenn wir zusagen, dann sagen wir nicht mehr ab!
Es gibt dinge, die haben wir nicht in der Hand.
Wenn wir wirklich wirklich krank werden. Mit Fieber und was weiß ich oder uns irgendwie in den letzten Trainings so stark verletzen, dass wir tatsächlich nicht antreten können.
Das mag alles sein, aber wer bei einem Kampf zusagt, hat eine gewisse Pflicht zu seinem Wort zu stehen!
Jeder zweifelt. Das gehört dazu.

Aber ein Kämpfer ist der, der seine Angst überwindet und sich Dieser stellt, anstatt vor ihr zu fliehen!
Wenn der Termin steht, sorgt für eure Gesundheit und steht zu eurem Wort.
Nur im absolut unumgänglichen Fall, dass wir wirklich nicht können, sagen wir so früh wie möglich den Kampf ab.
Ansonsten steht der Kampf mit eurem Wort!

Schlusswort
Ein kurzer Blick in meinen Kopf

Ich sitz im Hotelzimmer auf meinem Bett. Der Fernseher läuft und meine Beine fühlen sich unendlich schwer an.
In drei Stunden werde ich kämpfen.
Ich hab alles Mögliche über meinen Gegner gehört.

„Guter Boxer"
„Der ist echt stark, aber schlagbar"
„Er ist sehr gut im Clinch"
„Du musst aufpassen. Er ist größer als du"

Ich hab ihn gesehen und er erscheint mir riesig.
In meinem Kopf ist er stärker als ich. Hat stärkere Kicks, schnellere Fäuste und einen stabileren Clinch.
Ich muss es fühlen und dann schauen wie ich damit umgehen kann.
Erst dann kann ich ihn einschätzen. Klug kämpfen. Nicht irgendwie...
Ich muss langsam los zur Veranstaltung, aber meine Beine tragen mich noch gar nicht.
„Wie soll ich den jetzt kämpfen?"
„Das ist das letzte Mal..."
Schießt mir durch den Kopf.
„Warum mach ich den Scheiß eigentlich?"
Das weiß in dem Moment keiner so genau...
Aber ich will es!
Ich würde niemals einen Rückzieher machen. Ich könnte gar nicht mehr in den Spiegel schauen.
Ich will auch wissen, ob er wirklich so gut ist wie alle sagen. Ich möchte auch wissen wie gut ich bin.
Ich weiß was ich kann, aber werde ich das auch im Ring abrufen können. Er kann es sicher...

Ich mach mich auf den Weg zur Veranstaltung.
Die Zuschauer wollen einen Kampf sehen. Der Veranstalter will einen Kampf sehen.
Ich will kämpfen!

Ich zieh mich um, lege meine Bandagen an und lass mich mit Öl einreiben.

Noch zwei Kämpfe vor mir.

Ich bleib in Bewegung. Ein paar Mal gegen die Pratzen treten. Ein paar Mal gegen die Pratzen schlagen. Blocken üben.

„Muss ich nochmal zur Toilette?"

Jetzt ist´s auch egal...

„Hauptsache nicht über die Seile stolpern..."

Was einem für Schwachsinn durch den Kopf schießt.

Der letzte Kampf vor Meinem läuft.

Ich halte mich bereit.

Der Kampf ist vorbei und ich werde gerufen.

Mein Lied ertönt und ich warte auf den richtigen Moment. Ich geh nicht einfach raus.

Es muss der richtige Moment sein.

Auf den Takt, der mich im Training motiviert härter zu schlagen oder zu kicken, mache ich den ersten Schritt in Richtung Ring.

An den Seilen angekommen, fällt alles von mir ab.

Jeder Gedanke, der Vorher war. Alle Zweifel und alle Gedanken, die meinen Gegner hochgelobt haben, fallen von mir ab. Es fühlt sich an wie ein Mantel, den ich ablege.

Bevor ich in den Ring steige, führe ich meine Hände über die Seile und zurück zu meinem Kopf.

Ich besinne mich auf das Wesentliche.

Drei mal schlage ich auf die Ringseile bevor ich über sie steige.

Ich muss den Ring fühlen.

Dann steige ich drüber, verbeuge mich zu dem Publikum, zu den Punktrichtern und zum Ringrichter.

Alle haben Respekt und Anerkennung verdient!

Dann warte ich in meiner Ecke bis das nächste Lied ertönt.

Meine rechte Hand auf dem Seil.

Mein Wai Kru Ram Muay beginnt.

(Der Autor bei seinem Ram Muay auf der ISFN 2018; Fotograf: Roger Buer)

Ich konzentriere mich bloß auf die Bewegungen. Ich will es richtig
machen. So, dass meine Lehrer in Thailand zufrieden wären.
Am Ende folgt eine weitere Verbeugung und das Publikum
applaudiert.
Die erste Hürde ist genommen.
Ich habe die Herzen und die Anerkennung des schwer zu
überzeugenden deutschen Publikums gewonnen.

Der Kampf beginnt. Mein Geist ist so klar wie er nur sein kann.
Ich arbeite, überdenke meine Schritte und handle mit Bedacht auf
das, was folgen könnte.
Treffe sinnvolle Entscheidungen und wenn ich schlage, dann
schlage ich hart zu.
Wenn ich trete, dann trete ich hart.

Entscheide ich mich für einen Ellbogen, dann bin ich sicher, dass
er trifft.
So kam es, dass ich den Kampf in der dritten Runde für mich
entscheiden konnte.

Ich sehe wie Blut auf den Ringboden tropft, während wir clinchen.
Ich weiß erst mal nicht, ob es seins ist oder meins, aber ich
erinnere mich hart getroffen zu haben.
Der Gong ertönt.
Ich schaue in die andere Ecke und sehe den Ringarzt den Kopf
meines Gegners abwischen.
Dann das Zeichen. Der Kampf ist vorbei. Mein Gegner kann den
Kampf nicht fortsetzen.
Mit meinem rechten Ellbogen habe ich ihn zwei Mal am Ohr
getroffen und es so gespalten.
Ich habe gewonnen. Gerne hätte ich es anders gehabt.
Drei mal drei Minuten hab ich gekämpft.
Fünf mal drei Minuten hätten es sein sollen.
Zeit im Ring ist selten genug.
Ich bin froh gewonnen zu haben, aber auch traurig, dass es schon
vorbei ist.
Die Wahrheit ist. Ich genieße den Kampf.
Egal was vorher war. Ängste, Zweifel und das Gefühl unterlegen
zu sein, verschwindet und das Gefühl der Überlegenheit und Herr
über die Situation zu sein, stellt sich ein.
Eine weitere Prüfung gemeistert und ich kann es kaum erwarten
das nächste Mal in den Rign zu steigen. Mich neuen Ängsten zu
stellen und Diese zu bewältigen.